時兆文化

U0077617

拉路

Dark Night,
Brilliant Star

福音的擎光者

愛琳‧蘭特麗 Eileen E. Lantry ｜著
梁傳善 ｜譯

11歲時，他看到天上眾星墜落，開啟了他對上帝的好奇心；

65歲時，奇妙的萬車之耶和華，

將天上星飾的冠冕，賜給這位身材矮小，

卻充滿無窮能量的人。

他──就是亞伯蘭‧拉路！

拉路 福音的光 擎者

| 目錄

Dark Night,
Brilliant Star

亞伯蘭・拉路是一位真正的先鋒佈道士

　　亞伯蘭・拉路是一位真正的先鋒佈道士，他心中蘊含著強烈的使命——為上帝傳講福音。

　　亞伯蘭・拉路參加帳篷聚會受洗後，便立志成為一名宣教士。這位身量僅五尺高的白髮老人，講話就像巨人：「靠著上帝的恩典，我要遵守祂所有的誡命。但現在開始，我要遵守神聖的安息日。」65歲時，他決定離開家鄉，隻身前來亞洲，渴望將福音傳給當時仍生活在黑暗中，不認識救主耶穌的人們。

　　正向思考，凡事感恩。儘管抵達香港這個陌生的環境，沒有人來港口迎接他或歡迎他，但他並不孤單，有一位理解他的上帝與他同行，就是曾經同樣被祂的子民遺棄的那位神。我相信，有許多的天使都在港口列隊歡迎他，並準備好與他一起為亞洲的佈道作工。

　　亞伯蘭・拉路在亞洲為聖工服事了15載，於西元1903年去世，享年81歲。最後他長眠於香港跑馬地公共墓園中，等待耶穌復臨的那一天。至今仍有許多信徒感念他在亞洲的先鋒佈

道事工，因而前往墓園悼念他，他的確是一位令人敬佩的傳道士。

　　至今，基督復臨安息日會成立已逾155年，我們也紀念亞伯蘭‧拉路為主作工抵達香港的133週年。在這值得紀念的一刻，我很高興時兆出版社再次修訂出版這本《拉路福音的擎光者》傳記。願這本書能引領、感動更多人歸向耶穌。

金時英　會長
基督復臨安息日會北亞太分會

亞伯蘭・拉路　黑夜中的一顆明亮之星

　　這本書是流傳超過一世紀的真實故事，也曾在美國太平洋出版社主辦的「基督徒傳記」競賽項目中奪冠。所以我相信您在細細品味這本書時，也能與評審委員有相同的感動。

　　雖然亞伯蘭・拉路從未獲得來自基督復臨安息日會全球總會的呼召，去海外從事宣教工作，但是他向上帝禱告說：「我可以看出來，祢今天仍然在引導我，就像這星星一樣，我還不是很老，還能發光。」他在每件事情上信靠上帝，而不單單仰賴他的主內弟兄。他渴望的心迫使他採取行動，最後他獨自前往香港！

　　在接下來14年多的歲月中，他與另一名文字佈道士奧爾森在香港工作，分發雜誌、福音單張和書籍，對所有接觸的人述說上帝的恩典，鼓勵人們。他唯一的目標就是把福音的信息傳給他所到之處的每一個人。

　　這本書是關於他生平的故事，從他11歲目睹天上眾星墜落開始，到他錢財盡失，卻獲得來自屬天的寶貴財富；這個故事

講述了萬王之王的上帝，以星星裝飾了天上的冠冕，賜給這位身高五尺卻充滿無盡能量的小巨人。藉由他的帶領，讓每一個從自私轉向耶穌的人，就像一顆新星閃耀在夜空之中。讓夜不再黑暗，他就是亞伯蘭‧拉路！

吳偉進　幹事
基督復臨安息日會北亞太分會文字出版部

雖千萬人吾往矣

小的時候當老師問同學們將來的願望是什麼？「我要當律師」，「我要當醫生」，「我要當飛行員」，「我要當老師」，「我要當軍人」，「我要當總統」……孩子們總是七嘴八舌爭先恐後的這樣回答。每一個孩子都有屬於自己對未來的夢想。然而，曾幾何時，多數人的夢想皆在現實的環境中消磨殆盡，如浪花消失在浪潮中一般……

亞伯蘭‧拉路的夢想從流星的墜落啟萌，而夢想的種子則藉著《聖經》的澆灌及時間的熬練慢慢發芽成長。用「大器晚成」來形容亞伯蘭‧拉路是再貼切也不過的了。一個已屆六十五歲的老人要去實現心中的那個夢想——傳福音，而且是到遙遠的中國，姑且不論全球總會後來以委婉文字拒絕他的申請，相信所有認識他的人都會擔憂這樣的決定是否妥當吧？

但亞伯蘭‧拉路憑著信心前進，他相信上帝在他內心的感動是真實的，他帶著「雖千萬人吾往矣」的信心去到中國，為他心中所埋下的種子找到一個適合澆灌的土地。因為這樣的信

心、堅持，使福音在東亞地區開花結果；從中國開始，輾轉又傳入日本、韓國，以及台灣。

亞伯蘭‧拉路的精神激勵了許多人的信心。不分老少、無論長幼，每個人都可以成為像亞伯蘭‧拉路一樣的人。他沒有讀過什麼書，沒有受過專業的訓練，當時的環境又危險惡劣，教會也沒有能力給予經濟的援助，若是與今日的環境對照，我們當中的任何人都要比亞伯蘭‧拉路優秀，現在的環境也比當時要安全的多，教會的經濟資源也相對更好，我們實在沒有任何理由說我們不能傳福音。

在約書亞時代有迦勒以八十歲高齡挺身而出，請纓出戰希伯侖。希伯侖就是當年令以色列人聞風喪膽，將那地的居民形容是巨人的亞衲族人之地。但最終迦勒將那地的居民逐出，得地為業。十九世紀有亞伯蘭‧拉路以六十五歲的高齡克服萬難，將福音傳至東亞。進入二十一世紀，上帝同樣呼召祂的子民去使萬民做祂的門徒，祂正在尋找像迦勒及亞伯蘭‧拉路一樣信心的人，在末世時代將福音傳遍天下。

孫仁智　牧師
基督復臨安息日會台灣區會

這人來，為要作見證，就是為光作見證。

第一次閱讀這本亞伯蘭‧拉路的個人生平傳記已是多年前的事了，當時深深被故事當中拉路的信仰歷程所感動。而這本書也於二〇一五年入選台灣基督教文協金書獎，讓這個一世紀前的感人見證，以生動的文字帶領更多人穿越時空，親身經驗為主作工的美好歷程。

亞伯蘭‧拉路，一位船員、牧羊人和文字佈道士，他的人生經驗反應出許許多多上帝兒女的信仰路程。許多人在志得意滿之時，往往忘記了上帝的教訓；一旦跌倒受傷，卻埋怨上帝未能及時伸出援手。坐在叢林邊上的拉路，大聲地朗讀著：「你求告我，我就應許你，並將你所不知道、又大又難的事指示你。」五十幾歲的他因此獲得異象，開始了聖經學校的學習，依靠著神的應許，為拓展上帝的國度成為第一位到達亞洲的基督復臨安息日會自養宣教士。

再次閱讀亞伯蘭‧拉路的傳記，不同時空、心境有著不同的感觸。儘管拉路被總會宣教委員會拒絕差派到中國，他仍然

憑著信心於西元1888年前進來到香港，他相信上帝在他內心的亮光是真實的。在亞洲佈道的十五年間，他時刻都盼望有更多的傳道人來到亞洲開展聖工，在他身上看到施洗約翰在曠野為主鋪平道路的胸懷，更是福音的起頭，「這人來，為要作見證，就是為光作見證，叫眾人因他可信。」(約翰福音1：7)他不傳別的，只傳耶穌基督，這是他的見證。

亞伯蘭‧拉路的精神激勵了許多人的信心。但是我特別看重他「不把持，不據有」的宣教士精神，這也是後來千千萬萬宣教士能將福音在亞洲廣傳的關鍵因素。以《聖經》為本，上帝的每位兒女都相信：「是我的『父親』差遣我來救你。」這種「雖千萬人吾往矣」的胸懷，正是末世的牧者最好的寫照。

是的，當星星閃爍時，夜就不再黑了。拉路來到香港，他是帶著天上的光來的，就像那顆璀璨的星星一樣。因為有他的堅持，許多人已經從罪的黑夜轉向光明。亞伯蘭‧拉路——福音的擎光者，跟隨他的腳步「往普天下去，傳福音給萬民聽。」

時兆出版社　發行人
周英弼

第1章 | 眾星墜落

他透過小窗向外看。星星！他看到它
們劃過天際。不是一兩顆，而是無數
的星子！他試圖數算這些光點，但它們
移動的速度實在太快了！

亞伯蘭使勁地拉著韁繩，但母牛絲毫不為所動。於是，他踮起雙腳，抓住繩子靠近母牛的頭，使盡全力地拉。但在黑暗中，他並沒有察覺自己正踩在一塊冰上。他的雙腳猛然一滑，摔倒在母牛下方，腳趾頭重擊牛的後腿。驚愕之中，他放開了繩索，隨手抓住距離他最近的一樣東西——母牛的乳頭。「哞……」，母牛大叫一聲，迅速跳躍，逃離了牠身子下方的物體。等亞伯蘭睜開雙眼時，只見母牛自眼前消失，進了牛棚。

他深深地嘆了口氣，至少所有的牛都入了棚，也很慶幸

沒有人看到他的窘況。他仍舊躺在地上，揉搓著後腦勺，然後他舉目望天。「哇！」他驚嘆低語著：「夜色黑暗，這些天上的星星們卻顯得異常明亮！」

他久久地凝視著美麗的星空，讚嘆不已！為什麼以前沒有看過這樣的光景？他猜想，這可能是因為他看起來不像十一歲的孩子，他比大多數同齡的孩子還來得矮小，因此家人很少讓他在夜晚獨自外出。他從未看到星星如此地明亮、壯觀、且靠近。

「我想知道它們為什麼會發光？是什麼令它們高掛在天上？」他自問道。

亞伯蘭深深地為星空中的燦爛而震驚，並不在意周遭的寒冷、腳下濕滑的地面，以及後腦勺的疼痛。若不是聽到母親的呼喚聲，他或許還會躺臥許久，僅僅為了欣賞被繁星點綴的夜空之美。

星星來自何處？

「亞伯蘭，亞伯蘭，你在哪裡？」

這個小男孩立刻坐起身來，「來了！媽！我在牛棚這裡，馬上就來！」他大聲說。亞伯蘭起身，仍然仰望著天空，一邊慢慢地沿著路走回家。

「你怎麼那麼久，亞伯蘭？玉米餅和湯都冷了！」

「對不起，媽，只因那頭老母牛不肯進牛棚。」亞伯蘭一邊回答著，一邊把夾克掛在門邊的釘子上。

「那你怎麼趕牠進去的？」媽媽邊問邊把湯裝在一個大碗裡，放在桌上的玉米餅旁邊。「你褲子後邊都沾滿泥巴了！」她補充道。

「對不起，媽。我出去一下，我會刷乾淨。」亞伯蘭並不想說出那頭母牛最後是如何進入牛棚的，他很快地轉移了話題。

「媽，你注意到了嗎？沒有月亮的夜晚，星星是多麼明亮！是什麼令它們掛在天上，發出如此明亮的光芒？」

「對於星星，我並不怎麼瞭解！我猜應該是上帝以某種方式把它們陳列在天上。我記得以前曾聽過牧師從《聖經》上念一段經文給我們聽，他說很久以前，上帝創造了星星，所以祂應該知道如何讓它們發光。」

「媽，我從沒有看過《聖經》。」亞伯蘭喝了幾口湯後，停下來看著媽媽。

「媽，你認為我能看懂那本有關上帝怎樣創造星星的《聖經》嗎？」

「我知道你可以的，亞伯蘭，因為你已經上學一段時間

了。」「可是我從來沒有去過教會，我從哪裡可以找到《聖經》來讀呢？」

「亞伯蘭，你爸和我結婚時，傑布叔叔曾送給我們一本《聖經》作為結婚禮物。但因為你爸和我都不識字，我們就把它放在起居室的大箱子裡了。」

亞伯蘭驚訝地睜大雙眼說：「你能現在拿出來，讓我看看是否能讀懂其中的一些字嗎？」

「不要現在拿吧！現在應該是回到閣樓睡覺的時候了，爸爸和你哥哥們都已經睡了。我們明天要早點起來。爸爸認為今晚會結霜，下雪之前我們要把莊稼收進來。亞伯蘭，儘管你沒有哥哥們那樣強壯，爸爸還是希望你和他們一起工作。如果你沒有做好自己的事，他就不會讓你上學。」

星星藏在《聖經》裡？

亞伯蘭深知媽媽的意思！爸爸並不重視學業，他認為孩子們應該待在農場裡工作。有一次，亞伯蘭無意中聽到媽媽催促爸爸讓他去上學。比兄弟們瘦弱許多的亞伯蘭因此被允許在農閒時去上幾個月的學校。媽媽笑了：「也許你是最小的，亞伯蘭，但你卻有最大的夢想。星星看起來也很小，卻在遙遠的地方發光，就算它們沒有很大，我也不會覺得驚

訝。」媽媽停頓了一下,接著說:「《聖經》對於像你這樣的年輕人來說,是一本難懂的書。不過,亞伯蘭,明天早上在起居室的桌子上你會看到它。你拿著蠟燭上閣樓睡覺吧!別驚動你哥哥們!」

「謝謝,媽。明天請早點叫醒我,我想早些完成我的工作,也許那本《聖經》可以告訴我們有關星星,以及它們如何陳列在天上的事情。」

他想知道《聖經》是一本怎樣的書。這孩子很少像今天這樣興奮。他心想自己已經在這個屋子裡住了十一年,竟然不知道父母擁有一本《聖經》!他曾經聽老師稱呼《聖經》為「上帝的話語」。他擔心,也許上帝的話對他來講太深奧,太難讀了。生活中的每樣事情對於矮小的亞伯蘭‧拉路來說,似乎都不太容易。

亞伯蘭透過小窗,看到了天上的星星。突然,他有了奇特的想法:「上帝是怎樣的神?祂比這些星星還大嗎?祂在更遙遠的地方嗎?祂到底是誰?」他想知道那本《聖經》是否會告訴他有關上帝的事情。亞伯蘭希望保持清醒並繼續思考這些事情,但他已經累了一整天,他的雙眼已經無法繼續睜開去看那些星星。

星光墜落點亮天空

　　不知睡了多久，突然亞伯蘭看到一道亮光劃過閣樓的牆壁。他心想自己到底是醒了還是睡著？發生了可怕的事情嗎？為什麼那麼多光束在整個閣樓內不停閃爍？它們從哪裡來？他在做惡夢嗎？他揉揉眼睛，坐了起來。不，他一定是醒著的，因為他看到一束束亮光正劃過熟睡的兄弟們身上。

　　他透過小窗向外看。是星星！他看到它們劃過天空，不是一、兩顆，而是無數的星子！他試圖數算這些光點，但它們移動速度實在太快了！一個可怕的念頭在他腦海中閃過，使他顫慄不已：一定是上帝不再托住天上的星星了！

　　恐懼使他想要靠近爸媽。亞伯蘭穿上褲子和外衣，越過他的兄弟們，迅速地向下跑。「到底怎麼了？爸！為什麼所有的星星都從天上墜落？難道上帝不能托住它們嗎？我上床前，它們看起來是多麼美，天上還會有星星留下嗎？」爸爸沒有回答，在恐懼的靜默中，他們觀察著窗外。「我要到外邊去，這樣可以看得更清楚。」爸爸的聲音帶著顫抖。

　　「我也可以去嗎？爸爸。」亞伯蘭緊隨其後。

　　「你還是出來好好看看吧！我以前從未看到這麼多星星墜落。今晚的景象會是任何人都無法忘記的回憶。」爸爸伸出手臂抱住了亞伯蘭。

就這一次，亞伯蘭為他的矮小感到高興。他從父親那裡感受到親近、溫暖和力量。他想哭泣，因為害怕所愛的星星將永遠消失，他將再也無法看到它們在夜空中閃閃發光了。

「爸，它們看起來像雨點一樣往下落。可是，它們更像一束束的火焰。」

爸爸和亞伯蘭懷著敬畏之心，靜靜地注視著。它們滑行地如此快，以致亞伯蘭開始感覺暈眩。「可是爸，為什麼上帝讓這些星星落下呢？祂不能阻止這一切嗎？」亞伯蘭因為害怕和寒冷而渾身發顫。

「我真的不知道，兒子。我好像曾經聽過一位牧師在《聖經》上讀到，說上帝會在空中顯出一些預兆，來告訴祂的子民關於祂兒子要來到地球的信息。我已經很久沒有想過這個問題了，多麼希望我能夠識字啊！我無法記起那位牧師所說的。但今晚的事情一定很重要，夜空被墜落的星星點亮了。」「我認識一點字，爸。也許，如果你能告訴我它們在《聖經》的哪一部分，我可以讀一些信息給你聽。」爸爸看著這弱小的孩子，那眼神好像從未認識他一樣。

「啊！亞伯蘭，我完全忘了你去過學校，你喜歡讀書。也許我讓你讀書是件好事，我們進去吧！讓媽媽把那本《聖經》拿給我們看。」

尋找答案

這時，所有的兄弟都已醒來並下了樓梯，他們站在窗邊。當他和爸爸進到屋裡，亞伯蘭知道媽媽已經為他拿來了《聖經》。眾星墜落的光芒照亮了整個房間，他看到了桌子上的那本《聖經》。

「拿著蠟燭吧！」爸爸說，「但這些墜落的星星發出的亮光足夠讓你閱讀了。」

全家人隨著爸爸和亞伯蘭進了起居室。當亞伯蘭觸摸這本巨大的《聖經》時，他的手顫抖著。

「打開吧！孩子，讀給我們聽。」爸爸吩咐道。

那雙小手打開了封面，他輕輕地讀著：「《聖經》！」

他一頁一頁地翻著，他從來沒看到過那麼多的字，書頁從他的指尖滑過，如同窗外墜落的眾星劃過一樣。

「可是，爸，我要讀哪裡呢？字太多了，而且這些字看起來都很難。」

全家人無助、焦慮地站在這位顫抖的孩子周圍。

「媽媽，你能想起牧師是在哪節經文提到有關眾星墜落的事嗎？」

「他引述了好幾個不同的章節，我也記不起是哪些書卷了。不過，好像在一處有一個簡單的名字，我在心裡作了個

記號，這個記號很清楚。哦，對了，就是『馬可』！亞伯蘭，找一下叫『馬可』的地方。」（編者按：馬可與記號是同一個英文字Mark）

「我試試看，媽。」

亞伯蘭感覺到全家人的目光都注視著他，通常他的兄弟們都以輕視的眼光看他。要是他現在能做一件他們都無法做到的大事，那該有多好！他記得，在一堂閱讀課上，已經學過了「馬可」（或記號）這個字，他試圖在腦海中拼湊出來。是的，他記起來了！這個字是M-A-R-K。突然，他想到老師曾經說過，「到書本的最前面（目錄頁）查看，可以找到書裡的內容。」要是他以前可以多去學校幾次，那該有多好！也許現在他就可以立刻找到了。

亞伯蘭翻到《聖經》的首頁。在頁面的頂端，他讀到了「目錄」，這一定是他所需要的！他用手指在頁面從上往下滑，從未看到這麼多既奇怪又長長一串的單字。

最後，他用絕望的眼光看著爸爸。

爸爸看起來有點生氣。

「你一個字都看不懂嗎？亞伯蘭！」

於是，哥哥們嘲笑他：「他是沒用的人，爸。當我們在牧場工作的時候，你讓他去學校，可是他還是不會閱讀。」

　　媽媽把手放在亞伯蘭的肩上，「繼續找，孩子。不要放棄！」媽媽的聲音很親切。當他看到了一個「M」開頭的字時，眼淚奪眶而出，眼前的字都模糊了。他深深地喘了口氣，燭光都在顫動。慢慢地，他大聲地拼讀出來。

　　「馬……可。我找到了！媽，我找到了！」亞伯蘭興奮地哭了。

　　「我知道你行的，亞伯蘭。」媽媽輕輕地拍著他的肩膀。

　　「從第993頁開始。」亞伯蘭幾乎翻到了《聖經》的最後地方，才找到了〈馬可福音〉。」

　　再一次，他看到了滿頁都是字，太多字了！每翻開一頁，他的喜樂也隨之逐漸消失。為什麼有這麼多小數字和大數字？他數著章數，1，2，3，4……一直到第16章，〈馬可福音〉的最終章。他的手指上下滑動，一頁接著一頁，但他看不到任何有關星星墜落的經文。再一次，眼淚開始從他的臉頰上淌下。

　　「他幹嘛哭呀？」兄弟們取笑著。

　　聽到這話，這位疲憊的孩子開始傷心地抽泣。

　　「爸，我找不到！我不知道該讀哪裡！」爸爸轉身離開，站在窗邊。

媽媽從亞伯蘭身邊拉了一把椅子。

「你累了，亞伯蘭，我知道這本《聖經》實在太難了。坐我旁邊吧！看看眾星墜落，也許有一天，我們會明白上帝今晚的作為。」

拉路福音的光 者

Dark Night,
Brilliant Star

第2章 《聖經》信息

「眾星要從天上墜落，天勢都要震動。……祂要差遣天使，把祂的選民從四方，從地極直到天邊，都招聚了來。」（馬可福音13：25—27）

Dark Night
Brilliant Star

全家人圍坐在窗前看著流星劃過天空。不久，孩子們一個個眼皮發沉，他們都睡著了，但是亞伯蘭卻因太失望和氣憤無法入睡。

「這都是爸爸和上帝的錯，我才如此無用！」他為自己辯解著，「爸爸不讓我去上學，而上帝造的字太難了！」

這時他聽見媽媽說：「這正像暴風雪來臨之前的大片雪花，又像大雨中的火球。」

「孩子的媽，這些流星肯定意味著有大事要發生。是不是我們將要面臨審判的日子了？」爸爸說道。

「我真的很害怕，孩子的爸，我們必須知道這些信息。我覺得明天早上亞伯蘭應該去一下學校。如果他帶《聖經》一起去，或許老師可以幫他找到經文。」

「也許吧！孩子的媽。反正今晚他沒怎麼睡，明天去田裡幹活也不好。你要去學校嗎？亞伯蘭！」

「當然，爸。」亞伯蘭感覺到了一絲希望，也許他仍然可以做一些讓父親高興的事。「假如以前常去學校的話，我可能就明白上帝這些難懂的字了。爸，你說的『審判的日子』是什麼意思？」

「這個事情我也不太懂，我聽過好像是這樣的，上帝要接好人去天國，把罪人丟在地獄用火焚燒。」

「可是，爸，我們不都是罪人嗎？我從未看到有任何一個人自始至終都是好人。如果僅僅因為我們沒有一直做好人，祂就要把我們燒了，那上帝對我們太不公平了！」

「亞伯蘭！」媽媽大聲說，「不許那樣議論上帝！因為你說的這番話，也許這些星星中的一顆會射向這裡，把你給燒了！」

亞伯蘭不再說話，他希望自己能像兄弟們那樣睡着，避開這些火光。他不喜歡這樣的上帝，因為祂讓星星從天上墜落；又放出如此可怕的預兆；還要把壞小孩給燒了！他把被

子蒙在頭上，以避開明亮炫目的夜空，但即使閉上雙眼，眾星墜落的情景仍浮現在腦海中，一直到天快亮時，他才在焦慮中慢慢入睡。

《聖經》中的信息

早晨，亞伯蘭睜開雙眼的第一件事就是凝視窗外，但只看到藍天白雲，並沒有看到任何星星。再一次，可怕的想法浮現：它們會永遠消失嗎？

「亞伯蘭，如果你想要按時到學校的話，就趕緊吃了玉米餅和粥，因為你要帶著這本厚重的書走兩英里的路。」當他吃早餐時，媽媽把《聖經》放進袋裡，「這樣更容易帶。」媽媽總是這樣盡力地幫助這位似乎長不高、也不強壯的兒子，「我也幫你準備了一些午餐放在袋子裡，」她補充道。

走在那條滿佈石子和泥巴、通往只有一間教室的學校路上，亞伯蘭感覺到對夜幕降臨的渴望。也許他仍然可以幫助爸媽，他們看起來是那麼焦慮和害怕；也許他仍然可以向爸爸和兄弟們展示一些唯有他能做到的事。

當他走進教室，便聽到了喧嘩的聲音圍繞在老師的桌旁，學生們似乎都在談論前一晚所發生的事，他注意到老師

在查閱一本書時神情異常嚴肅。「在這裡！我找到了！大家都注意聽！」老師大聲說，「眾星要從天上墜落，天勢都要震動。那時，他們要看見人子有大能力，大榮耀，駕雲降臨。祂要差遣天使，把祂的選民從四方，從地極直到天邊，都招聚了來。」

亞伯蘭的心砰砰地跳著。平時在學校裡，他總是害羞和安靜，但這次他再也按捺不住了。「老師，您從哪裡找到那些話呢？」他問道。

「怎麼？亞伯蘭，很高興看到你。這是今年你第一次來學校，剛才我讀的話是在《聖經》的〈馬可福音〉第13章25至27節。」

「老師，您能在我父母的《聖經》裡幫我找到這些話嗎？麻煩您！」亞伯蘭舉起袋子放在老師的桌子上，並從袋中拿出那本厚重的書。

「我貼一張小紙片放在你的《聖經》裡，這樣你就能再次找到這經文，我從未想過你父母擁有一本《聖經》。是你爸媽讓你把這本書帶來的嗎？」

「是的，老師。媽媽說她記得聽一位牧師從不同的經文讀過有關眾星墜落的事，您還知道其他相關的經文嗎？」

「是的，亞伯蘭，還有很多經文。我要在下課時查一下

這些經文，因為我自己也會閱讀。現在上課的時間到了，每個人都回到自己的座位上。」

「在我們上算術課之前，我想說一下昨晚發生的事。坦白說，我不知道發生了什麼事。當眾星墜落的時候，我跑到戶外為要看得更清楚，之後我遇見了亨利·皮克林老先生，我們就一起觀看，直到天亮。大家都知道，他研究星星有很長一段時間，他說那些墜落的是流星，而不是一般的星星。流星是一些在太空中穿梭的小星體，也許是一塊塊石頭或金屬，它們從外太空穿越地球的大氣層時，就產生了你們所看到的天上的火光。它們有的很大，有的卻很小，有時你會在不同地方看見一兩顆星墜落。但是皮克林先生也說，他從未看過像昨晚那麼多流星像雨般墜落。」

亞伯蘭感覺到一絲希望，也許仍然會有一部分的星星留在天上。老師接著講：「那時教區的老牧師加入我們的行列。他說，也許上帝正在向我們發出預兆，好讓我們為一個大而可畏的日子做好準備，就是地上的人類將要看到第六印的揭開。我不知道他說這話的意思，但他說我可以在《聖經》的最後一卷書讀到這些信息。也許這兩人說的都對，但我真的不知道。當你們下課出去玩時，我會找一下有關眾星墜落的其他經文，並把它們抄寫在黑板上。在今天的閱讀課

中，我們將要讀這些經文。現在，請大家拿出自己的板子，我們開始做算數吧！」

與家人分享信息

放學之後，他在學校裡停留了一會兒，確定他認識每一個摘錄的經文。老師在每處經文中夾了紙片，所以亞伯蘭確信他能找到這些章節。亞伯蘭三步併兩步地從學校回到家，袋裡的《聖經》也不像早上出門時那樣沉重，他有太多的事情要告訴爸媽。他遇到了爸爸，他正從牛棚裡出來。

「老師找到了這些經文，爸爸，我看懂每一個字了！晚飯之後，我能讀給你們聽嗎？」

「當然可以，亞伯蘭。」爸爸拍拍他的肩膀，就這麼一會兒功夫，亞伯蘭感覺自己長高了一大截。

一家人吃完了飯，爸爸拿著蠟燭進了起居室，全家人圍著桌子上的《聖經》。「老師標註了四個地方，前三個地方說得幾乎是一模一樣的。他讓我先把最後一處讀給你們聽，就是在《聖經》的最後面。這部分的《聖經》稱為〈啟示錄〉，我要讀的是第6章13節。」

亞伯蘭把手指放在經文上，慢慢地讀著：「天上的星辰墜落於地，如同無花果樹被大風搖動，落下未熟的果子一

樣。」（啟示錄6：13）

「正是這樣！」爸爸說，「像一顆樹被大風吹動，落下葉子和果實。再讀一些給我們聽，亞伯蘭。」

「爸，現在我要為你們讀的是〈馬太福音〉的經文。」

亞伯蘭很快地翻到那頁，然後在開始讀之前看了一下媽媽，他注意到她的身子正向前傾，並向他微笑。

「『眾星要從天上墜落，天勢都要震動。那時，人子的兆頭要顯在天上，地上的萬族都要哀哭。他們要看見人子有能力，有大榮耀，駕著天上的雲降臨。』這經文是在〈馬太福音〉第24章。」他說。

孩子們都安靜地看著爸爸，等待他發言。

「你的老師有沒有告訴你們這些經文的意思？」爸爸問道。「沒有！爸。他只教我們一些難認的生字，他讓我們回家問我們的父母。為什麼這裡說，人子來的時候，每個人都會悲哀哭泣呢？」

爸爸沒有回答亞伯蘭的問題。最後媽媽打破了沉默。

「孩子的爸，昨晚你提到很快就要發生一些大事，這裡所說的人子一定是指上帝的兒子耶穌。你是否想過昨晚那些墜落的眾星就是一個預兆，告訴我們祂很快就要駕雲降臨？」

「也許是這樣，再讀一遍，亞伯蘭。」

孩子重新讀了這節經文。

「現在讀其他章節。」爸爸說。

「下一處是在〈馬可福音〉，就是昨晚我找不到的那個經文。老師告訴我們，『選民』的意思就是好人；好像天使將要出來，把全地的好人都聚集在天上。你們會注意到它的開頭和剛才讀過的〈馬太福音〉差不多。」

「『眾星要從天上墜落，天勢都要震動。那時，他們要看見人子有大能力，大榮耀，駕雲降臨。祂要差遣天使，把祂的選民從四方，從地極直到天邊，都招聚了來。』」

爸爸看起來極其不安。

「把最後一個章節唸出來！」爸爸吩咐他。

「這裡有一些很難的字在裡面，所以老師只教了我們前半部。他說，有一個名叫『路加』的人寫了這卷書。」

亞伯蘭翻著《聖經》，「就是這裡，〈路加福音〉21章25節。」他開始讀：「日、月、星辰要顯出異兆。」

「就這些了嗎？亞伯蘭！」爸爸問道。

「是的，爸，今天我所學的就這麼多了。」

「看來這孩子一天之內學了很多東西。」

媽媽再次向亞伯蘭微笑，「你做得很棒，唸了這麼多難

懂的字，亞伯蘭，我為你感到驕傲。」

亞伯蘭用眼角的餘光掃視了他的兄弟們，他們似乎都以一種前所未有的表情看著他，只是沒有說話。他感覺好快樂，從來都沒有這樣快樂過。

「孩子的爸，你對這一切有何看法？」媽媽問道。

「不清楚，」爸爸邊說邊走向廚房，「我想我要去看一下母牛，因為當我從牛棚回來時，雲都往上卷，也許今晚會下雪，你和孩子們先上床睡覺。」

爸爸出去了，隨手關上了門。

「他現在很煩惱，」媽媽說道，「我們最好去睡吧！」

亞伯蘭隨著他的兄弟們上了閣樓，沒有人敢說話。當爸爸感到煩惱時，全家都受他的情緒影響。

亞伯蘭用被子蒙頭取暖之前，他先透過小窗向外看，只見外面一片漆黑。他朝著不同的方向觀望，根本沒看到星星，極大的恐懼再次籠罩心中：也許流星和星辰都已從天墜落。他渴望能見到星星，哪怕是一點點星光都可以。

「我要再看一次！」他自言自語道，「也許我沒有仔細看，也許上帝滿有能力，讓一些星星不會從天上掉下來。」

亞伯蘭離開溫暖的被窩。

　　在寒冷的閣樓裡，他踮起腳站著，盡力伸展自己的身體站得高一點，希望能從小窗外看到一絲星光。

　　但是在他眼前的，仍然是一片漆黑的夜空。

第3章 | 船員生活

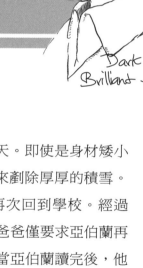

> 他夢想著浩瀚的海洋，期望有一天能
> 站在一艘大船的舵旁，在星光的指引
> 下前進，而海洋和星星——他的思緒充
> 滿了這兩樣事物，對他而言，它們是一
> 體的。

那天夜裡，大雪紛飛，一連下了三天。即使是身材矮小的亞伯蘭，也不得不花幾個小時來剷除厚厚的積雪。好幾個星期過去了，亞伯蘭才有機會再次回到學校。經過1833年11月13日那個特別的夜晚之後，爸爸僅要求亞伯蘭再讀一次有關眾星墜落的《聖經》經文，當亞伯蘭讀完後，他安靜地坐了許久，然後獨自默默地走向了牛棚。

有一段時間，亞伯蘭試著自己閱讀《聖經》，他特別喜歡第一卷書〈創世記〉的頭幾章，從那裡他學到了上帝怎樣創造天地，以及祂如何命令水聚在一處來創造海。當他發現

了曾經找過的句子「祂也造了眾星」之時，他感覺特別地興奮，但是，他愈往下讀，就愈不明白。當父母都無法幫助他時，亞伯蘭很快地便失去了興趣，每次嘗試閱讀時，他就被一連串長長的詞彙或無法理解的內容難倒。沒有用的！他心想：上帝的話語對小孩來講太難了！無論如何，上帝會焚燒壞人，而我並不認為祂會喜歡我，所以這些年，只有媽媽在擦拭灰塵時，才會觸摸桌子上的這本《聖經》。

但是亞伯蘭並沒有停止閱讀，他一有空，就會去借書，因為怕他的兄弟們取笑，他就偷偷地把書拿進閣樓裡，藏在草墊下面。在離開家裡去幹農活之前，他盡可能地爬上樓梯，把書藏進自己的衣服裡，隨身帶著。如果爸爸和兄弟們在離他很遠的地方勞動，他就會取出書，一手拿著書閱讀，用另一隻手幹活。

可是有一天，他太過專注於書本，而沒有注意到他的大哥正向他走來。「現在我明白了為什麼你總是不能完成工作，」他衝口說道，「我要告訴爸爸你沒有在工作，只是拿著書遊手好閒。」那天晚上，爸爸生氣道：「亞伯蘭，如果你再這樣做，我一定責罰你。」亞伯蘭無話可說，但他的心中充滿怨恨。他覺得僅僅因為害怕被打而要他放棄讀書，這是不公平的！

嚮往水手夢

亞伯蘭沒有長得像他的兄弟們那樣高大和強壯，爸爸也很少要求他去田裡一起幹活，只是分配他一些無趣的工作，比如拔草、清洗牛棚、鏟玉米地。為了避免去想這些令人煩悶的工作，亞伯蘭經常夢想能成為一名水手，他夢想著浩瀚的海洋，期望有一天能站在一艘大船的舵旁，在星光的指引下前進。由於他住的地方靠近海岸，海洋和星星成為亞伯蘭生活中的興趣，他的思想充滿著這些事，對他而言，它們是一體的。

有一天，爸爸要他幫忙堆乾草。炎熱的天氣和繁重的勞動使人疲乏，所以他歇了一會兒。爸爸注意到他正靠在乾草叉上，便向他大吼道：「馬上幹活，亞伯蘭。你已經沒有時間靠在叉上了，你的兄弟們要比你努力太多了。你這懶惰的傢伙！」

那天夜裡，亞伯蘭透過閣樓的小窗，望著外面的星星，思考良久，他知道，他不可能成為一個好農夫，現在爸爸已經認定他是沒用的人，為什麼自己不到海上去追逐星星？他確信他一定能在船上找到一份清潔船艙的工作，如果爸爸允許他走，也許明天就可以出發。他會省吃儉用，變成富人後，再回來告訴爸爸和兄弟們，他是個有用的人。

　　早上擠完奶之後，亞伯蘭在牛棚裡叫住了爸爸：

　　「爸，我在農場裡的確派不上用場，但你也知道。很久以來我一直渴望去海上工作，我想成為一名水手。當約翰載著乾草運往城鎮港口的時候，也許我可以順便搭他的四輪馬車。如果我在碼頭閒逛，相信能找到船長或者同伴，他們會願意讓我做工。我可以今天就走嗎？」

　　爸爸默默地看著這位16歲的孩子。「你就要成年了，亞伯蘭。如果你想成為一名水手，那就去吧！也許在那裡你會做得更好，這件事你告訴媽媽了嗎？」

　　「還沒有，我想先跟你說，你可以告訴媽媽我的決定是沒問題的嗎？」

　　「好的，不過她會小題大做，認為你還太小了。」

　　媽媽的反應確實很大，而且還不是一般的大。但到了最後，她還是和爸爸一起幫亞伯蘭準備行李。

　　離別的時刻到了，媽媽和爸爸站在門口。「一個水手到港口時，口袋裡可能需要一些錢。」爸爸說，於是他給了亞伯蘭五塊美元。

　　亞伯蘭注意到了媽媽眼中的淚水，他不敢說什麼，當他沿著馬路朝著他的鄰居約翰和四輪馬車走去時，他心中悲喜交集，深覺自己的渺小與懼怕，但也感到高興。到了馬路的

轉角處，他回頭向媽媽招手，她回應著，他愛媽媽，當看到媽媽用圍裙的一角擦拭著眼睛時，他心裡很難受，但他知道，他必須走。

熱愛海洋生活

當亞伯蘭到達碼頭時，他走近一位船員，他似乎正在指揮其他水手裝貨。「先生，您能告訴我，如果想找一份在船上清潔的工作，應該找誰呢？」他問道。

「我是這艘船的大副，裝好了貨物就開船了。如果你想要一份工作，上船吧！水手長會告訴你怎麼做的。」大副命令道。

從一開始，亞伯蘭就熱愛船員的生活。海洋的寬廣使他感覺自己很高大；海浪的力量更令他感覺自己很強壯。他喜歡海洋的氛圍——日子平靜時，海浪輕輕地拍打著；而暴風乍起時，巨浪使船在海中翻騰。但最令他欣喜的是，每當輪到他值班的夜晚，他堅守崗位站在桅杆邊，感覺自己就像站在綴滿星星的巨大蒼穹中心。

最初，其他船員都喜歡拿他開玩笑，因為他矮小，於是他決定讓他們知道，身材不是衡量一個人的標準。農場的勞動已經鍛鍊了他的肌肉，他能把事情做得又快又好。需要打

濕甲板、清洗白橡木的厚舢板時，他努力地推動清潔用的砂岩；分配他刮漆時，他也做得整潔有序；當水手長把他從清潔工晉升為二等水手時，他非常高興。

亞伯蘭覺得自己更適合船上的生活。最初，其他船員粗言穢語的說話方式令他困擾，但很快他就發現自己也開始和別人一樣講髒話，儘管他不得不承認這個事實：幸好他媽媽沒有聽到。他和他們一起打牌，很快便贏得了「牌王」的稱號。他的船員朋友請他品嘗他們的威士忌酒，雖然他很討厭這種極傷喉嚨的烈酒，但他不願讓同伴們知道他的想法。

亞伯蘭第一次領到工資，就加入了賭博的遊戲。由於牌技高超，他知道他一定能贏。賭博結束後，亞伯蘭便贏得滿口袋的鈔票。他感到自己非常富裕，希望能在爸爸和兄弟面前炫耀他的錢財。過了幾天，一些船員向他挑戰要再與他賭，他很猶豫，但最終貪財之心佔了上風，亞伯蘭從未聽過使用灌鉛骰子出老千的伎倆，沒多久他便輸個精光。

那天晚上，當他站在桅杆邊值班時，作了個決定：他要致富，但絕不是靠賭博，他要省吃儉用，努力工作，再也不去賭了。

從那天起，亞伯蘭對於自己的每一筆收入都記帳，在港口，他偶爾與朋友們一起吃喝，但他從不喜歡喝酒。他平時

只買一些生活必需品，偶爾會給住在新澤西州老家的父母捎去禮物。

努力學習成就夢想

三年過去了。有一天，水手長把他叫到他的房間裡，說：「拉路先生，你已經證明了自己是一位優秀的船員。從今天起，我們全體成員不再視你為二等水手，我已經推薦並授予你一級水手的稱號。」

從那一日起，亞伯蘭立志這一生要堅定做一名船員。他知道在適當時機，他將晉升成為船上的長官，那時他不僅將得到船員的工資，而且還能得到海上貨物貿易所得的分紅。他與二副成了好友，亞伯蘭把自己對星星的興趣與他分享，他們一起度過了許多美好的夜晚，共同研究星空和圖表。

「拉路，我想你已經學了很多航海知識，能找到船在海中的位置。現在請辨認出三顆以上你知道的星星。」二副遞給他一個六分儀，「現在測量一下每顆星星在地平線上的角度，我要記下你觀測它們的確切時間。」亞伯蘭快速又仔細地工作著，在地表上定位出星空下方的點。

「現在我們去海圖室，計算出我們船的方位。」亞伯蘭興奮地跟隨二副進了這明亮的房間，拉路立刻就掌握了在航

海圖上繪製星星位置的複雜步驟。

「很好！」當他看到亞伯蘭在三顆星星的位置上劃線時，二副說：「這些線的交匯點正是我們這艘船現在在海中的位置。」亞伯蘭向他朋友笑著說：「我一直熱愛星星，現在它們成了嚮導，幫助我在浩瀚的海洋中找到了方向。」

在剩下的航程中，亞伯蘭不斷地繪圖。當他們抵達港口時，大副建議讓亞伯蘭參加晉升三副的考試，他努力地學習，並通過考試，然後被委任管理船員的職務。

從此以後，亞伯蘭再也不需要透過與船員同事們一起吃喝的應酬，來博取他們的信任，現在他們尊他是一名長官。當船停靠碼頭時，他不再受到壓力，非要去浪費一些錢來買酒以贏得他人的接納。他只做自己想要做的，那就是存錢。他不像其他水手，他對性、酒精、賭博都沒有興趣。當其他人揮霍錢財時，他忙著採購一些可以在船上販賣並從中獲利的便宜商品，他仔細的記帳使他的儲蓄穩定增長。

許多年過去了，船長們開始談論這位能勝任所有工作且勤勞的三副。這個時刻終於到來了！亞伯蘭可以挑選自己想服務的船。通常，他會選擇那些駛往遠東的船隻，他喜歡中國的商人。他們擅長討價還價，但他可以憑著自己的機智和敏銳應付他們。每次他的船停靠在港口，他都喜歡嘗試與

零售商們進行交易並研究他們的推銷術。雖然拉路是一個公正、老實的人，但他能確保每一次交易都可獲得利潤。然而，比賺錢更令他興奮的，就是每當他的船離港航向大海時的第一個夜晚，他總會站在船頭，仰望著星星，想像著下一步這些天上的嚮導們將會把他帶向何方。

拉路

Dark Night,
Brilliant Star

福音的擎光者

Dark Nigh
Brilliant Star

第4章 | 失去一切

亞伯蘭失去了過去整整35年努力工作的全部積蓄,他該怎麼面對這場遽變呢?

十九世紀五〇年代,美國加州發現了金礦,來往此地的各國商船絡繹不絕,包括亞伯蘭的船隻也駛入了舊金山(又稱:三藩市)港口。他帶著中國的花瓶和雕刻品到唐人街販售,聽到了許多靠淘金發財致富的事蹟。

「你應該自己嘗試一下,這是一條致富的捷徑。」中國商人慫恿說。

「也許我將來會去試試,但不是現在!」亞伯蘭回答,「我已經簽了合同,下一個航程要返回中國。我相信等我回來之後,那些山裡面的金子仍然存在。」「當你回來時別忘

了叫上我們，我們可以合夥。」他們說。

　　十多年過去了，亞伯蘭回到舊金山決定投資金礦，於是他要求船公司付清薪水後便離去。沒有人想到，這位在甲板上矮小又安靜的船員竟然已經累積了一大筆錢財。但他並沒有馬上投資，卻走遍了整個加州，甚至來到了最北邊的愛達荷州，盡可能了解有關金礦的資訊。他開始在加州以勤勞和智慧經營金礦生意，不久便累積了足夠的財富購買地產，並投資其他高利潤的行業。

　　多年過去了，亞伯蘭厭倦了城市生活，每當他來到舊金山市中心，便對這港口嚮往不已。最後，他對大海的熱愛還是勝過了對賺錢的興趣。但若再不從事船員工作，他的船員執照就要過期，於是他在一艘駛往遠東的船上再次註冊了三副身分，並把生意和投資事業交給他信任的朋友。

從天堂到地獄

　　亞伯蘭不時地收到加州投資利潤不斷增長的信件，他知道只要他願意，隨時可以在舊金山過富裕的生活。他已經不在意是否要回到家鄉新澤西州了，因為父母都已過世。自從他們去世之後，他已經失去了與其他家庭成員的聯繫。50歲生日那天，他的船停靠在香港碼頭，他決定上岸到最喜愛的

中國餐館慶祝。但他先到郵局領取郵件，他看到信箱裡有幾封信，其中有兩個大信封，一封來自舊金山，另一封來自夏威夷。「我的生意一定非常順利！」他心裡快樂地想著，決定用餐後再好好讀這兩封信。

　　在餐館的一個安靜角落裡，亞伯蘭點了幾道他最喜歡的中國菜。他盡情享用每一口美食，在滿足和興奮之餘，亞伯蘭打開了信件。幾張新聞剪報從第一封打開的信件中掉了出來，每張剪報都提到了舊金山的大火。他的呼吸隨著閱讀信件的同時變得越來越急促，他所擁有的各處房產都在那場大火中化為灰燼。在渾身發軟和暈眩中，他把信件讀了三遍，之後才意識到他所有的房子都化為烏有，而且都沒有保險！

　　最後，他閱讀了金礦生意和其他投資的帳目明細。他的朋友解釋，由於舊金山的大火以及其他財務問題，亞伯蘭的投資已經徹底失敗。他，失去了一切！漸漸地，大腦開始承受著這樣的震驚。他雙手抱著頭，盯著那些信件，一遍又一遍地喃喃自語著：「不可能！不可能！我35年來努力工作的積蓄全沒了！我變成了一個窮光蛋！一個50歲的老頭，只剩下口袋裡的一些錢。」

　　在悲哀與沮喪中，亞伯蘭慢慢地打開了最後一封信，是一位老朋友寄來的，對方根本不知道亞伯蘭之前的財富和現

在的破產。「親愛的亞伯蘭，你不覺得你做船員的工作太久了嗎？為什麼不和我一起在夏威夷定居呢？你一定會喜歡這裡的海島，不但生活成本低廉，有各種稻米和新鮮水果，還有理想的氣候。我聽說他們的甘蔗田需要人手幫忙，還有一個大型鳳梨加工廠要營業。如果你需要錢，我想這裡可以找到工作。而且多數去阿拉斯加的捕鯨船，都會停靠在這裡加油補給。我深信他們的船肯定需要一位像你這樣的三副。何不來和我一起住在夏威夷？」

亞伯蘭把信件塞進口袋，靜靜地坐著思考。頭兩封信的內容在他腦海裡燃燒著，在恍惚中，他支付了生日大餐費用，這頓餐在胃裡就像一堆重物，他沉重地走出餐館，來到大街上。

夜幕降臨，亞伯蘭離開了香港的繁華地帶，向港口走去，他並沒有意識到雨點正潑打在他的頭上。到達碼頭時，他久久地凝視著黑色的海水，這漆黑的夜正像他內心翻滾不息的憂傷和沮喪。

「50年過去了，我這麼拚命為自己積蓄財富。但現在財富沒了，家庭也沒了，更沒有出路！我不能從頭開始，我失去的太多、太慘了！我還要堅持什麼？」這時，他習慣性地抬起頭看著星空，就在那一刻，烏雲分開了，他瞥見了一絲

明亮的星光，但隨即又消失不見。他腦海裡一閃，回想起那個幾乎遺忘的眾星墜落的夜晚。再一次，他感受到了可怕的大失望。就像當時他認為再也看不到星辰發光的那一刻一樣，後來他還是看見了天上閃爍的星光。

與神初次相遇

今晚，他只看到黑夜。星星會再一次為他發光嗎？這一夜，拉路太過沮喪無法入睡，整夜在香港的大街上遊蕩。在太陽升起之前，他作了一個決定：去夏威夷和朋友一起開始新的生活。每當做出決定後，亞伯蘭就會迅速行動。他很快便找到一艘貨船，第二天要駛往夏威夷的檀香山。

到達夏威夷後，他按著信上的地址尋找朋友。可是當他找到這間房子時，才發現友人在數月前就已經離開，音訊杳然，也不知去了哪裡。他找了數日後，未發現任何線索，在灰心和沮喪中，更加感到絕望。平時總是富足的他，想到接下來的日子，生活沒了著落，不禁膽顫害怕。

當他無助地走在檀香山的一條大街上時，他捫心自問：「為什麼我的人生會突然遭遇這些事呢？為什麼我人生的每次轉變都把我領向另一個陰暗的幽谷？金錢是我生命中的唯一目標嗎？它是我的神嗎？沒了錢，我應該往哪裡去？我該

做什麼？又應該投靠誰？」此時，他聽到了遠處的歌聲，好像在回答著他的提問。他停了下來，仔細聽著那歌詞：

> 你正疲倦嗎？你心裡有重擔嗎？
>
> 請告訴耶穌，請告訴耶穌；
>
> 你正悲傷嗎？歡樂離開你了嗎？
>
> 只要來告訴耶穌。

他沿著歌聲傳來的方向走去，看到了一個帳篷，外面寫著一行字：凡勞苦擔重擔的人可以到我這裡來，我就使你們得安息。「那一定是對我說的！」他自言自語道，「我的擔子好沉重！」他激動地跟隨另一人走進了帳篷，並在後排坐下，只想待在那裡好好地休息。因為他已經在大街上行走了數小時，甚感疲憊，這個「安息」的邀請正好符合他的需要。

最初這歌聲使他的疲憊得以放鬆；接著，奇特的思緒在他內心翻騰，特別是當他聽到歌詞「信徒須宣告，使普世人聽，耶穌必定要再來」之時。多年未回想的記憶再度湧入內心，他看到了自己的童年，一個還未滿11歲的孩子，從一本古老的《聖經》中讀到：「他們要看到人子，有大能力，大

榮耀，駕雲降臨。」自從眾星墜落的那個夜晚至今，四十個年頭過去了。這些年，他已經忘記了《聖經》，也忘記了上帝。他的生活充滿著冒險，追求世俗，忙著賺錢。但最近幾週以來，他開始思考，腦海裡再次浮現了當年那個夜晚，一個男孩躺在閣樓上，透過小窗子看著天空的星星。突然，他的思緒被一個聲音打斷：「你看過祂的那顆星嗎？」

星星的指引

這個聲音來自一個人，他站在講臺上，手拿《聖經》。當這人講述著上帝如何謙卑自己，降世為人，成為一個嬰孩的故事時，他認真地聽著。亞伯蘭第一次意識到，上帝從天上來到世上，為要使世人能成為祂的孩子。他很好奇為什麼上帝的兒子願意離棄天上的尊榮而成為貧窮的人，他覺得這是愚昧的選擇。那位手拿《聖經》的人繼續說道：「是愛讓祂這樣做，以致於每個人，不管他的罪有多重，都能成為上帝的兒子。」

亞伯蘭專心地聽著，他幾乎已經忘記了東方博士追隨星星的故事，那是天使的星，引領他們去朝見新生王。那人從《聖經》中讀道：「他們看見那星，就大大地歡喜。」他似乎正注視著亞伯蘭，並問道：「你看過祂的那顆星嗎？當你

知道祂是因為愛你來到這世界時，你是否領受了這份喜樂？祂能回答你的一切問題，祂對你的人生有美好的計畫。如果你已看到祂的那顆星，為何還不來到祂面前，接受這份永生的禮物？」

亞伯蘭非常了解星星，它們曾經無數次指引著他穿越無盡的海洋，從未引他入歧路。但今晚的這顆星不一樣，他真的要跟隨這顆引領人歸向耶穌的星嗎？他又聽到前面那人說：「上帝愛世人，甚至將祂的獨生子賜給他們，叫一切信祂的，不至滅亡，反得永生。」

「叫一切信祂的──那不是正包括我，亞伯蘭‧拉路嗎？」現在，生命對他而言已經一無所有。但上帝的永生呢？也許他真的想要永生，至少這看起來很容易、很簡單。他總是在為自己想得到的東西努力工作著，他心想，上帝肯定不像祂自己所說的那樣，只要藉著信耶穌就可以得到永生，這裡面一定有陷阱，他能相信上帝所說的嗎？

再一次，他聽到那人說：「自私、貪心使我們看不見那星。自私使人瞎了眼，但今晚你能看見那顆星，只要你像東方博士一樣，願意親近耶穌。祂願意接受的禮物就是你自己。現在就上前，接受祂愛的禮物！」

亞伯蘭整個人因喜樂而激動，他站了起來，聽著那鼓勵

的話走向講臺：「我來了！我想要看到祂的那顆星！」

順服神的帶領

　　那個夜晚，亞伯蘭因喜樂而無法入眠，他看著窗外的星星，並感謝上帝因為愛他而創造了它們。第二天一早，他走進一家書店，懷著多年前媽媽答應他可以看箱子裡《聖經》那一夜同樣的渴慕，他買了生平第一本《聖經》。之後找到一個安靜之處，他讀完了整卷〈馬可福音〉，就是他曾經尋找卻找不到經文的那卷書。

　　他多麼希望母親還在，能聽他朗讀《聖經》，她一定會很快樂。當讀完了第16章，他抬頭望天禱告：「上帝啊！我現在屬於祢，我是祢的。50年來，我一直在走自己的路，祢能指示我怎樣在我的餘生中走祢的路嗎？告訴我該怎麼做，要往哪裡去，我側耳而聽！」

　　亞伯蘭有所感動，到港口想找一份船員的工作。他從一艘船走到另一艘，但沒有人需要三副，在困惑中，亞伯蘭不知如何是好。那時，他看到了遠方有另一艘船駛向碼頭，他等待著。當甲板放下時，亞伯蘭看到了大副。

　　「哦，是拉路呀！好多年沒看到你了！我正需要一位像你這樣可靠的船員呢！我要駛往舊金山，你能來嗎？代替一

位生病的船員？」「我很樂意去，先生。讓我收拾一下行李，馬上就來。」

　　上帝希望他回到加州。若是讓他自己選擇，他是絕不會想要再回到那塊充滿痛苦回憶的地方。但為什麼上帝要差遣他回去呢？現在，亞伯蘭‧拉路已經屬於上帝，他已經看到了祂的那顆星，就滿懷喜樂地順服去追隨。

第5章 | 受洗

牧師握住他的手時，他激動地對牧師說：「牧師，請立刻為我施洗吧！我有很重要的工作要做，只是我的時間已不多了！」

Dark Night
Brilliant Star

在航行回加州的途中，亞伯蘭珍惜他所擁有的每一分鐘。每當他完成船上的雜役，趁著空閒時，他就會在甲板上找一處安靜的地方閱讀《聖經》。他很興奮有機會再次閱讀第一卷書——〈創世記〉，就是他11歲那年因為很多艱澀的字而放棄的，現在他終於有機會可以重新讀它。

他之前從未讀過亞伯拉罕、以撒、雅各、或者摩西的事蹟。他想知道為什麼這些古時的偉人，要花多年時間去牧養羊群？難道是為了可以騰出時間，單獨與上帝交通？這給了他一個想法，也許他也能成為一個牧人。

迎接新生活

到達舊金山時，他申領了一塊位於北加州山區的土地，那地方叫安德森山谷。火車把他帶到了克洛弗戴爾（Cloverdale）。接下來的路程，他沿著充滿石頭的乾旱河床顛簸而行，或是坐著驛馬車蜿蜒在褐色的山間。透過被車輪和馬蹄揚起的灰塵，他瞥見了巨杉樹，一種非常高大的樹，他需要抬頭三次才能看到樹頂。

在他申領的土地中，他發現了一個廢棄的小木屋。也許這先前曾是一個伐木工人的家，他砍下了許多紅杉樹，在木屋周圍留下了許多樹樁。小的紅杉樹和橡樹在灌木和碎石中，伸展出強壯的樹幹，拉路仔細察看著他的新家。

「屋頂看起來有縫隙，我可以看到白天的光線透進屋內，」他自言自語道，「屋子也非常髒，但在灰塵下它的材質是非常好的紅杉木，我很滿意這個壁爐，一側是荷蘭的爐子。我要鏟出髒物，並用力擦洗地板，讓它像我船上的甲板一樣。如果能在下雨之前修好屋頂，這個房子將令人非常愜意和溫馨。」

拉路發現自己親手烹調與在船上的餐廳進餐是完全不同的。修補衣服也是一件困難事。但逐漸地，他從喧鬧匆忙的甲板生活中調整過來，適應了遠離人群的山區生活。現在，

這位白髮蒼蒼，留著長鬍子的船員並不感到孤獨，因為主耶穌時時與他同在；然而，他渴望向人分享他不斷從上帝那裡領受的喜樂和平安。

認識新朋友

居住在山間小木屋後不久，他遇見了史杜迪貝克先生，他是一位傳道人，他邀請亞伯蘭加入他的浸禮宗教會（Dunkard Church），亞伯蘭也儘可能地訪問這位傳道人的家。有一次，當他訪問他們時，他發現這位傳道人正準備出差，亞伯蘭決定晚點再來拜訪。

「在你走之前，」史杜迪貝克夫人說道，「我有一個問題。拉路先生，你喜歡閱讀嗎？」

「當然！在我小屋裡有66卷書，我一有機會就閱讀它們。」拉路微笑地回答。

「但是你願意讀一些《聖經》之外的其他讀物，來幫助你更理解這66卷書嗎？」傳道人的妻子問道。

「我需要幫助，特別是最後一卷書〈啟示錄〉。你有什麼建議呢？」

「有一個人名叫魯埃爾・斯蒂可尼，他在山谷中擁有一個大牧場。有一天，他偶然經過這裡，留下了一些名為《時

兆》的雜誌。我丈夫用不到這些雜誌，他叫我把它們撕了用來起火。但我讀了一些，我很喜歡文章裡面的內容。我想到你獨自居住在山間小木屋內，與其燒毀它們，不如把這些雜誌送給你。」

「好，如果它們與上帝的話吻合，我會留下來。如果不符合，我也可以用它們來生火。讓我看一下吧！」

傳道人的妻子遞給了他一份包裹好的袋子。「最好你現在就拿走，我丈夫很快就會回來的。他如果問起我是否處理了這些雜誌，我可以誠實回答他已經處理好了。改天抽個時間，讓我知道你對這些刊物的感想。」

「我保證我讀的時候會對照《聖經》的66卷章節，來查閱這些刊物的每一個字。也許這需要一段時間，因為我有太多的東西要學習。如果它們不符合《聖經》，我就丟了它們，感謝你想到了我。」拉路準備出發往路上走。

「等等！」史杜迪貝克夫人叫住了他，「我丈夫說過，我們應該要告訴你有關浸禮宗教會的帳篷聚會。如果你想參加這個聚會，三個星期後來這裡，我們可以一起坐四輪馬車去。你願意加入我們嗎？」

「很好的提議。除非有意料之外的事情發生，不然我一定準時來拜訪你們，那樣的話，我就有很多時間來研究這些

文章了。」拉路跟她揮手道別，便上路回家去了。

《時兆》的信息亮光

在接下來的幾週裡，他以從未有過的熱情研究著這些刊物。他查考《聖經》的每一章節。最初，他拒絕這些信息的新亮光，比如遵守第七日的安息日。但是當他讀到每樣信息並對照他的《聖經》都顯為正確的時候，他便開始向上帝發問了：「上帝啊！我不明白。請指示我祢的道路。我如何才能知道我是遵行祢的旨意？什麼是真理？請幫助我！」

在答應朋友去參加帳篷聚會的前一天，他打包了自己的被褥、一些衣服和乾糧，並將東西繫在背包上。他拿起《聖經》，起身向山下的安德森山谷出發。

還沒走多久，他就聽到了馬車輪的嘎吱聲。亞伯蘭避開到旁邊，讓馬車先過去。但車夫停了下來，並向他打招呼：

「我和你同一條路，需要順道載你一程嗎？」

亞伯蘭摘下帽子，有禮貌地鞠躬：「謝謝，我很高興接受您的好意。」

「你一定是這裡新來的人，」馬車夫邊說邊用韁繩拍打著馬背，驅使牠們前進，「我在山谷裡經營一個牧場，但我之前住在海邊一個叫『小河』的地方。」

「我是新來的。事情是這樣的，我計畫買一些羊，花點時間學習做一個牧羊人。」拉路回答道。

「真有意思！長久以來我都在尋找一位牧場的管理人。真的很難找到一個可以信任的人來管理羊群，因我沒辦法經常去山谷管理這些事情。順便問一下，你要去哪裡？」

「我要去參加一個浸禮宗教會的帳篷聚會。你知道，我是一個慕道友，正在學習上帝話語的真理。」

「我注意到你拿著《聖經》，在這些山區已不常看到這些。據我所知，除了浸禮宗教會的傳道人會手持《聖經》之外，在安德森山谷從沒舉行過聚會或是查經班。多數住在附近的人，若不是瑞士人，就是來自北卡羅來納州山區的居民。他們很少閱讀，對宗教也沒有興趣。沒有放牧或伐木工作時，他們就打獵或釣魚。他們最喜歡的娛樂就是抽菸、喝酒和賭博了，很高興有你作我的鄰居。」

「謝謝，我也很高興能住在這裡，」亞伯蘭說，「多麼希望能找一個人幫助我了解最近幾週我所閱讀的刊物。你聽說過一本名叫《時兆》的雜誌嗎？」

馬車上的人朝著亞伯蘭微笑，並伸手到褲子後面的口袋裡。「你是說這個嗎？在看到你之前，我正好在閱讀。」

「我確信這是同一本雜誌，」亞伯蘭用手拍著膝蓋，「我正

在祈求上帝幫助我理解所看的書籍，也許我們就是《聖經》〈使徒行傳〉中那個故事的現代版，只不過順序顛倒過來了。現在是腓力坐在車裡，埃提阿伯太監在路邊走著。」

這人笑了。「好，如果這輛老馬車是上帝派來的戰車，我非常高興。你介意去我牧場的小木屋嗎？我們可以分享我們對《聖經》的認識。」

「我很願意，先生，但是你甚至還不知道我是誰。」

「是的，我不知道。但自從你上來坐我旁邊，我已經敬佩你真誠的舉動，我願意更進一步認識你。對了，我的名字是魯埃爾·斯蒂可尼。」

「所以，你就是把這些雜誌送給浸禮宗教會傳道人的人。他的妻子把它們送給了我，並叫我不要讓他丈夫知道。我是亞伯蘭·拉路，我需要有人幫忙我更了解上帝話語中的真理。」

持守《聖經》誡命

當他們到達魯埃爾·斯蒂可尼的小木屋時，拉路接受了他的邀請，在那裡過夜。他們打開《聖經》，兩人談論、研究、禱告，一直到深夜。最後，拉路站起來，雖然他只有五尺高，但他講話就像巨人：「靠著上帝的恩典，我要遵守祂

所有的誡命。從現在開始，我要遵守神聖的安息日。但是，有哪一個教會是遵守這些誡命的？」

「有的！我能邀請你，讓你改變計畫去參加另一個帳篷聚會嗎？如果你願意，請再住幾天，並在牧場裡幫忙我，我們可以一起前往。我正計畫去參加復臨教會在拿帕谷舉行的帳篷聚會，你願意成為我的客人嗎？」

亞伯蘭高興地留下了。

呼召受洗

在帳篷聚會期間，一個矮小且滿臉鬍鬚的白髮老人，手裡拿著紙和鉛筆，每次聚會都坐在前排。他記下主講人所引述過的每節經文，並趁著聚會休息的空檔，逐一研究。當一些問題困擾他時，他就要求斯蒂可尼先生再次為他解釋，因為多數的《聖經》真理對他而言都是新的，他經常反覆閱讀這些難懂的章節。他也時常停下來禱告，祈求上帝賜給他智慧理解真理。

在最後一個安息日，牧師發出一個呼召，邀請凡願意受洗加入復臨教會的人都到前面來。亞伯蘭立刻站起來，走向講臺。

當牧師握住他的手時，亞伯蘭激動地說道：「牧師，請立刻為我施洗吧！我有重要的工作要做，只是我的時間已經不多了！」

拉路 福音的擎光者

Dark Night,
Brilliant Star

神音的光

第6章 | 兩種身分：
牧羊人和文字佈道士（上）

我想你可以照顧好羊群，同時也能分
發福音冊子和書籍。你願意考慮在宣講
福音信息的同時，也在牧場工作嗎？

亞伯蘭・拉路舉起一隻大箱子，放在馬車後面。「我希望這些東西就夠了。」他邊說邊將它推到一個小箱子旁邊。「什麼夠了？」斯蒂可尼先生問道，同時把摺好的帳篷扔到馬車中間。

「這些小冊子和雜誌，足夠我一年所需。我也買了一些書打算銷售，我儘可能地多拿，因為剩下沒有多少時間，可以讓我向安德森山谷的每個人宣告耶穌快來的信息。」亞伯蘭說畢，立刻爬上了馬車，坐在斯蒂可尼先生的旁邊。

這兩人在拿帕的帳篷聚會結束後，駕車離開，新認識的

朋友們向他們紛紛揮手道別。大家先是安靜了片刻，因為每個人都沉浸在這10天帳篷聚會的喜樂之中，最後斯蒂可尼先生打破了沉默：「拉路弟兄，我正在為你考慮這個計畫。你需要一匹馬，好運送這些冊子和書給山谷和周邊山村的每一個人。你也知道，我正在找一個人來幫助我照顧牧場，既然你我的羊群可以一起餵草，你在鄉下時只要再花一點點時間就能處理好這些事情。我想你可以照顧好羊群，同時也能分發你的冊子和書籍。你願意考慮在宣講福音信息的同時，也在我的牧場工作嗎？」

拉路平時總是迅速做出決定，這時也爽快地答應了。「好像上帝在我祈求之前，就已經提供了我一切所需，我接受這份工作。」

「太好了！莎普和克里，我的兩隻牧羊犬，會在你帶著書籍和單張出去的時候幫忙照看羊群。有了這些忠心的狗看守羊群，你不需要擔心野獸。你可以騎我的這匹小黑馬，她很溫柔，也很聽話，她的名字叫『半夜』。」

「你可以告訴我怎樣看顧羊群嗎？斯蒂可尼弟兄。牠們容易生病嗎？」拉路問道。

「我很樂意把我所知道的一切告訴你，包括腐蹄病、羊口瘡病，以及其他的疾病。」這位牧場主人指向了野地，

「你看，現在的草是乾的，因此必須把羊趕到空曠的草場，但是當雨季來臨時，牠們可以圈養在柵欄圍著的草場裡。我會儘可能地回到牧場，特別是在剪羊毛的季節。」

因挫折而改變

牧羊的工作改變了這位行動迅速的船員。當他領著羊群穿過群山的野地，進入山谷的草場時，他把自己完全融入了羊群之中。任性的羊使亞伯蘭學會了忍耐；他憐憫年老和虛弱的羊；他細心照顧軟弱的、看護生病的，使牠們恢復健康；他經常把新生的小羊抱在懷中；當母羊遺棄小羊時，他就特別照顧被遺棄的小羊，滿足牠的一切需要。他的心為每一隻小動物傾注了愛。

一個下雨的夜晚，拉路注意到有一隻羊從羊群中丟失了。

「去找牠！」他對狗說，「克里，你待在這裡看守羊群，我和莎普去找。」

沿著泥濘的山路和濕滑的岩石上下艱難地行走著，拉路跟隨著莎普到處搜尋。一直到了凌晨，他們才發現了這隻羊，牠掉進了一個坑洞裡。

當他抱著這隻受傷的羊，穿過黑暗的雨夜回來時，拉路

對狗和羊說道：「現在我終於明白，為什麼上帝要差遣摩西去曠野牧羊。祂要給人機會去除很多舊生活中的陋習，同時學習到更多好牧人的新生活。我只花了幾個小時的時間來尋找你，」他拍拍懷中的羊，「但耶穌卻尋找我50年了，我願意獨自守在這些山間與上帝同在。假如我沒有在舊金山失去一切的錢財，我可能永遠沒有機會來這裡，學習真正有價值的事情。」

傳福音的挑戰

羊群回應了亞伯蘭對牠們的愛，但他山村的鄰居們卻剛好相反。每次離開他的小木屋，拉路總是用小冊子和《時兆》裝滿他的大口袋。無論遇到誰，他總是給他們一些單張。

「我們的口袋裡有更強大的東西。我們做個交易如何？如果我拿了你的單張，你要喝下一大口我的威士忌酒。」一個人說道。

拉路搖搖頭：「不，謝謝，你的威士忌也許力量很強大，但我的書籍更有能力。」

「我要你的雜誌，」其中有一個人暗笑道，「我家裡的牆壁破了一個洞，如果我把它釘在上頭，也許可以禦寒。多

給我兩三份，這樣厚一點！」

　　每當拉路拜訪這些小木屋的屋主，或是在田間遇到人，幾乎每個人都嘲笑他。有一天，拉路去鎮上買些日用品。

　　「瞧！我們這位矮小的長鬍子聖人又來了，這幾天他將要被提到雲裡去了。當你升上去的時候，一定要把這些書留給我們，我們可以用它們來生火，真是太好了！」當他走過鎮上理容院時，大家都這樣嘲弄他。

　　「是啊！你是對的，」其中一個人笑道，「在這寒冷的早上，告訴他們審判大日的火燒得可真旺啊！」

　　拉路對這些冷嘲熱諷的唯一回應，就是抬高他的帽子，輕輕地點頭和微笑。

　　他們在等待他。當他從店裡出來時，一個人走上來，拿著一瓶威士忌酒、一盒香菸、一副牌。

　　「你和羊群在一起時不感到寂寞嗎？」

　　「是的，有時候。」他回答道。

　　「你為什麼不抽菸、喝酒，或者和同伴打牌呢？我們這裡有，拿著！你總是給我們書，所以這是我給你的禮物。」那人將威士忌酒、香菸和撲克牌遞了過去。

　　「不，謝謝，」拉路從他口袋裡拿出了《聖經》，「這就是我的同伴。」

拉路 *Dark Night,*
福音的擎者 *Brilliant Star*
光

第7章 | **兩種身分：**
牧羊人和文字佈道士（下）

究竟亞伯蘭會遇到什麼樣的人，發生
什麼奇妙的境遇呢？

Dark Night
Brilliant Star

就這樣過了8年，除了參加帳篷聚會和去斯蒂可尼先生的家之外，拉路沒有遇過一個基督徒。安德森山谷裡沒有一個人願意接受亞伯蘭・拉路和他們分享的福音信息。

炎熱的夏季使山谷裡所有的草都枯乾了了，所以亞伯蘭就把羊群趕到山上。他在一處紅衫木的小樹林邊搭了一個帳篷，靠近一條還未乾涸的溪水邊。在這裡，羊群可以沿著岸邊吃草。一個深秋的夜晚，亞伯蘭坐在火堆旁，看著高大的樹映襯在天空裡的輪廓。這些高大的紅衫木似乎映襯著他那5尺高的身材，他需要這樣的鼓勵。

　　他想知道，為什麼他的鄰居中沒有一個人願意關注耶穌就要復臨的信息呢？沒有人想獲得上帝的能力，從罪和過犯中得自由嗎？為什麼他無法和人分享這份祂願意給予的平安和喜樂呢？他的影響力在山村的居民中似乎很微弱，無法起作用。

　　他想到了亞伯拉罕（又名亞伯蘭），一個有信心的人，一個跟他同名的人。於是他拿著《聖經》，靠近火光，讀了〈創世記〉15章5節，就是很久以前那個夜晚上帝的應許：「你向天觀看，數算眾星，能數得過來嗎？……你的後裔將要如此。」

　　拉路往後躺在他的墊子上，以更佳的角度仰望著天上的星星。很快，他大聲地說出來：「上帝啊！那個應許實在不是只給那個時代的亞伯拉罕。是的，我沒有結婚，但是祢不是有其他的兒女可以讓我帶到祢面前嗎？祢不願帶領我到那些想要認識祢，像我一樣愛祢的人那裡去嗎？祢知道8年以來，我接觸不到其他任何人，不管是散發單張或談論問題，都沒辦法有機會與他們分享祢的愛。祢向亞伯拉罕實現了祢的應許，因為他的後裔已經像天上的星星那樣多。上帝啊！懇求祢，能不能給我一些祢的兒女，就像天上這一點點的星星，讓我把他們帶到祢的面前？」

一天早上，亞伯蘭醒來，聽到外面有斧頭砍樹的聲音。出自好奇又感到孤獨，他走出去看這位伐木工人砍樹。這是一個名叫班尼的年輕人，他曾經有幾次拿過拉路的書籍，他停下了手中的工作和他交談了起來。

「很長時間沒有看到你了，最近你都在哪裡？」班尼說。

「在這山上有幾個月了，你知道我需要一些鮮草來餵養羊群，還好在這溪水邊仍然有一些草。但是，我的日常用品快用完了，所以我計畫今天帶著羊群回到山谷。另外，雨季很快就要來了。」

「既然你要回去村莊，我就告訴你一些消息。有幾個新的家庭搬進了這個村莊。其中一個是學校的老師，名叫格蘭傑，另外一個叫做麥卡洛克，在木頭加工廠工作。他們都是很好的人，從東部來，也有小孩。因為你經常要拜訪新來的人，我想我該告訴你這些消息。順便說一下，這些人好像喜歡閱讀！」

班尼向拉路眨了下眼睛，他了解班尼的意思，微笑著。

「謝謝你，班尼。你知道他們住哪裡嗎？」

「是的，格蘭傑一家住在一間低矮的小木屋裡，靠近學校，附近有一間燒毀的磨坊。麥卡洛克一家搬到了紅衫木林

中一塊空地附近的木屋。不久前，我聽到格蘭傑夫人說，她因為把一些書留在東部沒帶來感到難過，特別是一本關於兩個人的書。一個名叫但以理，另外一個我忘記了，我記得你曾經給我看過類似的一本書。」

「你是指《思考但以理書和啟示錄》嗎？」

「是的，正是這本書！好了，我要回去工作了，否則老闆會解雇我，很高興再次看到你。」

恩典是給準備好的人

拉路的心因喜樂而激動起來，這就是上帝要給他的幾顆星嗎？他吹口哨叫牧羊犬過來。

「克里、莎普，聚攏羊群！我們要拔營了，出發前往山谷。」

拉路把羊群趕到牧場時，剛好開始下起了冬雨。他檢查了一下柵欄，修理好破損的地方，確保羊群不會走出去，然後去鎮上購買補給品。

「我有一些差事要去做，」他告訴店主，「我把東西放在這裡，我回來時再取，你不介意吧？」

「就放在那個角落好了，你會淋得濕透的，外面正下著傾盆大雨。」

拉路 福音的光 擎者

　　「不要緊的！我這位老船員已經習慣了淋雨。我這件外衣可以讓我在海上最糟糕的暴風雨中整天保持乾燥。『半夜』和我都喜歡雨。」拉路邊說邊關上門。

　　拉路騎上了正在等待的小馬『半夜』，他把領子翻上來緊貼著，防止雨水從脖子流進去。馬噠噠地向前快跑，然後他說道：「去那間燒毀的磨坊那裡，『半夜』。當你經過這條路時，我要向上帝說話。」

　　當他走進院子，把小黑馬繫在柱子上時，拉路看到了從小屋的煙囪冒出來的煙。他剛要敲門，一位年輕的女士突然打開了門。

　　「趕快進來，避一下雨吧！」她說。

　　「我的名字叫拉路，」亞伯蘭作了自我介紹，「我聽說新的學校老師住在這裡。我正好路過，想和你們分享一些好的書籍。」

　　「是的，我的丈夫就是新來的老師。我們是威廉和莉茲·格蘭傑。請進來到壁爐旁邊，烘乾暖和一下。」

　　拉路注意到她給丈夫一個會意的眼光，他正坐在壁爐旁邊的地板上，小兒子和女兒正坐在他的膝上。

　　「我剛好在給安德魯和馬喬莉講我最喜愛的一本書。」威廉·格蘭傑指著他旁邊那本翻開的《聖經》，說：「那本

書裡有世界上最好的故事。」

拉路拿了張椅子坐在壁爐前，和他交談了幾分鐘。離開時，他遞給他們每人一本名叫《時兆》的雜誌。

「希望你們喜歡閱讀這些雜誌，就像我喜歡它一樣。」他說畢，關上了門。

奇妙的境遇

「這些人真好！『半夜』。」拉路對他的小馬說。他們沿著山上泥濘的小徑出發了。「從這位太太看她丈夫的神情來判斷，班尼一定已經告訴他，我會經過這裡，並且帶一些閱讀的書籍來，但他們看起來很高興接受這個消息，那個小男孩和女孩一定很愛聽他們父親講的《聖經》故事。希望這麥卡洛克一家也能向上帝的真理敞開大門。下雨的日子真是拜訪人的好日子！」

正當拉路把「半夜」繫在柵欄的柱子上時，有一個人正從小屋出來，挑著一擔柴。

「你好，朋友。進來避一下雨吧！」那個人招呼道。

「讓我幫你開門吧！」拉路跑上前去幫忙。

「莫莉，我們家有客人來了！」他對他妻子喊著說。

「我馬上就來，艾隆佐，我把寶寶放回床上就來。」

這位年輕的母親步入房間，一個害羞的小男孩依偎著躲在她身後。

「不要怕我，小朋友，」拉路笑道，「我正好經過，給你們一些書籍看看。」

「不要緊，貝爾提，他很快就會成為你的朋友。」小男孩的父親說道，「我們在這裡沒有看過多少人，所以他總是從他媽媽的裙子後面打量他們一陣子。我的名字叫艾隆佐‧麥卡洛克，你呢？」

「我叫亞伯蘭‧拉路，從船員轉行的牧羊人。」

「所以，你帶了一些書籍來給我們。啊！你知道嗎？莫莉多麼希望能得到一些書刊來閱讀，我經常外出，所以她常感到孤單。有一天，她和寶寶喬治躺在床上的時候，便閱讀以前有人釘在牆上的書刊。其中有一本，遮住靠近屋頂的一個洞，吸引了她的注意力。最後，她爬上去，拔出大頭釘，發現那是一本完整的書，我們倆都閱讀了好幾次，就是桌子上的那本雜誌。」

當亞伯蘭看到那本褪色、被釘孔穿壞的《時兆》雜誌時，他笑了。他從口袋裡，又拿出了幾本新的。

「一個山裡的居民曾告訴我，他用我給他們的書籍來禦寒。非常高興它也溫暖了你們的心，我現在得走了！」

「謝謝你來拜訪，拉路先生。如果我們對這些《時兆》感興趣，會希望你能多帶一些像牆上那份一樣的雜誌來。」麥卡洛克夫人說道。

「我會回來的！」他承諾道。

格蘭傑一家和麥卡洛克一家成為了好朋友。這四個年輕父母經常在冬夜聚集在壁爐旁邊學習《聖經》，並閱讀每週由這個騎著小黑馬的矮人所留下的書籍。

幾個星期後，當拉路先生在格蘭傑家停留時，這位學校老師問了他一個問題。

「你有任何的書籍，可以幫助我們理解《聖經》中的〈但以理書〉和〈啟示錄〉這兩卷書嗎？」

「我通常會在鞍囊中隨身攜帶一些書籍，我想我應該有你想要的。稍等一下，我拿給你。」

他回去取了那本《思考但以理書和啟示錄》。

「哇！這就是我們留在愛荷華州的那本書。我們可以向你買嗎？」這位老師要求道。

「當然可以，我相信你會從中得到極大的幫助。」

幾個月過去了。亞伯蘭繼續短暫而又頻繁地訪問這些家庭，他從沒這麼熱切地禱告著，祈求上帝的靈能在他們學習《聖經》時引導他們。

一天下午，亞伯蘭往他的口袋裡塞了一些書，並向他的小黑馬吹了口哨。

「我們每週的拜訪時間到了，『半夜』。」

亞伯蘭享受著這飛快的行程，他喜歡『半夜』的蹄聲飛馳而過的節奏。安德森山谷從來沒有這麼可愛過，清朗的藍天，棉花般的白雲，高大的紅衫木，點綴著路邊的野花。他手拿韁繩揮舞著，沒有意識到格蘭傑夫人正站在門廊上。

「你好，拉路先生，」她呼叫道，「我有重要的事情要告訴你。」然後她開始哭泣。

拉路急忙從馬上跳到地面。

「怎麼了？」

「不，我高興的時候就會流淚。耶穌，祂是多麼偉大！祂的愛已經吸引了我們去跟隨祂。上星期六，我的丈夫已開始守安息日了，我已決定要加入他的行列。而麥卡洛克一家也計畫在下個安息日加入我們。你願意與我們一同在安息日敬拜上帝嗎？」

拉路脫下帽子，將他那白髮蒼蒼的頭低下，他的雙眼頓時盈滿了喜樂的淚水，然後他仰望藍天，說道：「天父，晨星現在必要歡呼歌唱！感謝祢讓我分享天使的喜樂，也為了祢的榮耀，給了我這幾顆星星。」

拉路 *Dark Night,*
Brilliant Star
福音擎者
福音的光

Dark Night
Brilliant Star

第8章 | 上帝的計畫（上）

拉路默默禱告著：「如果祢希望我像摩西一樣牧羊40年，我願意。但如果祢對我另有計畫——即使是重大且需要隱藏的計畫，也請祢指引方向！」

小木屋裡，拉路坐在桌子旁邊寫信。寫完之後，他大聲地朗讀著：

親愛的主內弟兄們：

8年前，在我尚未成為基督徒時，就開始在這安德森山谷牧羊。在沒有疏忽羊群的情況下，我已經向周遭的人播撒了福音的種子，同時祈求主為祂的榮耀帶來福音的果子。截至目前，我的工作尚未有具體成果，但是上帝的靈已經祝福了我所講的話、所分發的雜誌，以及賣的書。我相信，這位

學校老師和他的家庭，加上另一個家庭的成員們，將願意受洗。我們已經安排了在他的學校舉行浸禮儀式和聚會。請差遣一位牧師過來，莫遲延。謝謝！

你的弟兄　亞伯蘭‧拉路

幾週之後，他收到回信，便立刻替「半夜」裝上馬鞍，飛奔到麥卡洛克家中。小貝爾提正在門廊玩耍，看到他正從馬路上飛馳而來。

「媽媽！」他喊叫著，「『半夜』帶著拉路先生來了！我可以去見他嗎？」

拉路下馬，抱起他的小朋友，兩人一起騎向房子。麥卡洛克夫人在繫馬柱處迎接他們。

「我很高興看到你，拉路先生。莉茲‧格蘭傑告訴我有一位牧師會來主持學校的聚會，歡迎他與我們同住。」

「這就是我來見你們的原因。今天收到一封信，說聚會將持續幾週，我的房子比你們的大，斯蒂可尼一家，就是從小河那邊來的朋友，也計畫過來。這是第一次有教會的牧師在這個山谷裡傳道，我有充足的房間招待所有的人。但是如果你能過來，幫忙烹飪食物和整理屋子，我會十分感激。」

「我很願意幫忙，拉路先生。我確信，艾隆佐也會很願

意幫忙。」「非常感謝！現在我必須急忙通知山谷的每一個家庭，告訴他們有關聚會的信息。」

「我可以一起幫忙嗎？」小貝爾提問道。

亞伯蘭拉路拍著貝爾提的肩膀：「我想你可以！多數的伐木工人從工廠出來時都要經過你家，你可以告訴他們，貝爾提。另外，你和媽媽可以為這件事禱告。」他朝這小男孩微笑著，然後跳上馬，揮著手向山下跑去。

歡呼麥子收割

年輕的牧師威廉‧夏利和他的夫人到達的那天，大雨持續傾盆而下。儘管道路泥濘，在牧師講道的第一個晚上，學校裡座無虛席。

「從來沒有聽過這麼清楚的信息！」散會之後，有一些人對這位白髮牧羊人說道。

「聽起來真的像是真理！」

「這是我所聽過最好的講道！」

「你們的牧師看起來像個孩子，但講起話來好像他已經傳道50年了。」

拉路微笑著：「每個晚上都來！不要錯過任何一個晚上。」

他們繼續來參加聚會。當這位年輕的牧師講了有關受洗的信息之後，他呼召那些願意跟隨耶穌的人站起來。拉路立刻就聽到了椅子挪動的聲音，他內心一陣興奮。當看到這位學校老師和他妻子站起來時，拉路異常激動。過了一會，又傳來了另一些椅子劃過木板的聲音，麥卡洛克一家也站了起來。當拉路朝他們望去時，小貝爾提正咧著嘴笑，並向他揮手，其他的人也跟著站起來，拉路的喜樂滿滿地掩蓋了過去8年的辛酸。

接下來的一週是持續的聚會和查經，最後是歡樂的安息日早上，所有的人都聚集在穿流過安德森山谷的河邊。

拉路走到河邊，把舊帽子放在一塊石頭上。小安德魯‧格蘭傑和貝爾提‧麥卡洛克近前來，分別站在兩邊，他們的小手握住他們朋友的手。拉路對著孩子們笑，然後低下頭向他最好的朋友——天父禱告。早晨的陽光令他的白髮發光如雪，喜悅的淚水從臉頰淌下，流到長長的白鬍鬚上。當他看著牧師為他的朋友們施洗時，他的心是多麼地激動！

過一會兒，威廉‧格蘭傑抓住拉路粗糙的手說：「拉路弟兄，你就像我們的父親一樣。我們真的很高興你給我們帶來了真理。」

「這是多麼奇妙呀！上帝能使用我這個沒讀過書的牧羊

人。」這位老人微笑著，嘆了口氣，「我想若我能在這個年紀學習的話，我真希望能去學校，學習成為佈道士，向我熟識的人們——船員們傳福音。」

「對我來說，你在過去的8年中已經進了學校，就是當初摩西入的同一所學校。」格蘭傑說，「在這個山谷牧羊不是教會了你更多上帝的愛和對祂子民的忍耐，比你生命的頭50年學得還多嗎？」格蘭傑指著圍繞他們的小山說：「看看那裡的荊棘！它們當中的一個也許就像你這正在焚燒的荊棘，你在那裡遇見了上帝，祂給你命令。上帝在摩西80歲的時候差遣他回埃及，也許祂也要差遣你回到世界的海港。」

等待未到來的主命

又過了一年，拉路繼續牧羊。陪伴著羊群的時候，他時常仰望藍天，聆聽在高大的紅衫木林之間的那種寧靜聲音。山邊的灌木叢時刻提醒著他威廉·格蘭傑的話語。有很多次，他跪在灌木叢邊向上帝禱告，然後等待那個似乎還未到來的主命。

每週他都期待著聚會的來臨，可以和朋友們一起到學校裡敬拜上帝，也一起學習《聖經》，偶爾夏利牧師乘坐公共馬車加入聚會。儘管格蘭傑一家幾個月前離開了，拉路仍然

想念著這位老師及他全家。格蘭傑一家接受了懷愛倫師母的懇請，因為有一所學校馬上就要開辦了，需要這對夫婦去教課。他們接受了這個呼召，威廉後來成為那所位於北加州哈魯茲堡新成立的大學校長。

11月份來臨，山邊的樹林都轉成了秋色。拉路被這燃燒般的秋天灌木所吸引，火紅的顏色中夾雜著深紅、橙以及黃色。他坐在叢林邊上，打開《聖經》。

「我想我要讀一下〈耶利米書〉。」他心裡想，「我讀到哪裡了？哦，記起來了！是第33章。」

讀到第3節的時候，他停了下來，再讀一遍，好像他需要更深的領悟。到了第3遍，他大聲地朗讀著：

「你求告我，我就應允你，並將你所不知道、又大又難的事指示你。」

「上帝啊！我求告祢，」他禱告著，「如果祢希望我像摩西一樣牧羊40年，我也願意。但是如果祢對我有另外的計畫，即便是一些重大的和需要隱藏的計畫，也請指示我。」

一種想法浮現在他腦海中：「去！加入你的朋友格蘭傑一家，報名進入學校。」

求告後的行動

兩週之後，拉路敲了威廉‧格蘭傑的家門。

「請進！」威廉‧格蘭傑招呼道。

拉路放下他的書包和捲起的鋪蓋包，打開了門。

「為什麼，拉路弟兄，你怎麼到這兒來了？」格蘭傑起身，握住他朋友的手。

「只想知道你的學院願不願意招收一位50幾歲的老學生？我要註冊！」

「當然！你可以在這裡學習。這裡的年輕人和老師一定會歡迎你。」

「我需要工作，來支付伙食、住宿和學費。每個月需要多少錢？」

「我們的果園、堆木場和鐵匠場都需要工人。伙食、住宿、洗衣和學費共計20美元一個月。」校長回答道。

「嗯，我什麼時候可以開始工作？我已經老了，有太多東西要學，好成為宣教士向船員傳福音。我想盡可能地多上《聖經》課。」

學院的學生很快地就愛戴這位白髮蒼蒼的同學。拉路的友善和對每一個人的關愛，使他們在食堂用餐時都爭相與他同坐，問他有關海上生活的問題。

　　從學校檔案裡面，格蘭傑夫人得知了拉路60歲的生日。她做了一個大蛋糕，上面用一艘船裝飾。在風帆上，她用糖寫下了：「60歲航向上帝！」學生們都知道了這個驚喜，他們以觀察食堂的那扇門為信號。當格蘭傑先生和夫人打開食堂大門時，所有的人一致起立，齊唱：「祝你生日快樂！」

　　格蘭傑夫人把美麗的蛋糕放在這位驚訝的老人前面的桌子上，拉路捋著鬍子，目光從蛋糕轉向格蘭傑夫人，再到學生們，然後再回到蛋糕上。最後，學生們圍在桌子四周，等待著他的回應。

Dark Nigh
Brilliant Star

第9章 | 上帝的計畫 (下)

拉路向上帝祈求：「主呀！求祢以特
別的方式使用我，讓我在有生之年能
做一個宣教士，好嗎？」

「上一次的生日蛋糕是媽媽在我11歲的時候做的，就在眾
星墜落之後。非常感謝你們為一位老船員做了這些
事。回顧過去，我不明白耶穌快來的信息。現在我活著就是
為了要看見耶穌，以及將這美好的信息傳給他人。這樣的信
息讓我在過去10年中充滿著富足的喜樂。」

「現在是一個很好的機會，讓我告訴你們，我計畫很快
就要離開學校，回到我熟悉的人群中，到船員那裡。海上的
生活是困難孤單的，他們當中多數人還很年輕。但是持續的
工作，單調的飲食，與家人的分離，使他們缺乏關愛，生活

困難。我必須告訴他們，就在那洶湧的大海上，上帝仍然愛他們，從不丟棄他們！」

「幾週之前，我寫了封信給宣教委員會，向他們說明我準備把自己獻上，去做宣教工作。我請求他們差遣我到任何新的地方，不管有多艱苦。但如果可能，我想去中國。如同我所說，我計畫再次航海。在切蛋糕之前，我們可以跪下禱告，祈求上帝以特別的方式使用我，讓我在有生之年能做一個宣教士，好嗎？」

格蘭傑禱告之後，他遞給拉路一封信。

「這是今天下午才來的郵件，也許它就是你一直等待的。」他說。

拉路一直到那天晚上進入他自己的房間時，才打開那封信。當他讀的時候，信紙在他手中顫抖。

親愛的拉路弟兄：

宣教委員會已經審閱了你對佈道工作的申請，但基於以下原因，必須拒絕你的請求：第一，你完全不懂中文，而且年紀太大不適合學；第二，你沒有受過足夠的學校教育，也沒有接受過傳道訓練；第三，我們缺乏資金，我們要把資金用在最好的用途上。因此，委員會認為你不適合去敲開一個

古老、自傲、封閉的中國大門，他們並不歡迎「洋鬼子」！我們很遺憾，不能接受你去中國傳道的請求。

　　然而，我們建議你去太平洋的某一個島上，做自養的船上宣教士。

此致

宣教委員會

　　拉路看完這封信最初的感覺，就像當年他接到信件說他的財富都已離他而去一樣。現在，他的主內弟兄們拒絕接受他僅有的禮物，那就是他自己，和他願意奉獻服事的心。

　　「我小的時候，爸爸不要我，因為我個子太小，身體太軟弱。現在主內弟兄們也不要我，因為我太老，不夠聰明。」他自言自語道。

悲傷中殷切求告主

　　在傷心失望之餘，他凝視著窗外漆黑的夜。一顆閃爍微弱的星光吸引了他。他把信放在桌子上，然後走進了黑夜，與痛苦和被遺棄的情感爭戰著。有數小時，他來回踱步、禱告著，但他並不是孤單獨行。有一位理解他的上帝與他同行，就是曾經同樣被祂的子民遺棄的那位神。逐漸地，他把

受傷的心靈交給耶穌，從祂領受了平安的恩賜。

　　心靈的苦楚使他疲憊，他便停了下來，靠在一棵樹幹上。他抬頭仰望，看見了獵戶座。有多少時候他就是藉由看準星星的位置來指引海上的船隻。「我的天父！」他禱告著，「我可以看出祢今天仍然在引導我，就像這星星一樣，我還不是很老，還能發光。祢只想讓我單獨地依靠祢，而不是仰賴我的主內弟兄。我在每件事上信靠祢，這是祢的旨意。」

　　「宣教委員會是對的，我太老了，學不了中文，我也不能傳道，但我可以依靠祢的應許，祢把傳揚祢再來的信息放在我心裡，祢應許著在我前頭有又重大又隱祕的事情，現在我還不能知道。我願意在各大港口向船員們分享祢的愛，我能做的不多，上帝啊！但我已準備好去祢差遣我去的地方，做祢命令我做的事。感謝祢賜給我這份喜樂，讓我作為一個宣教士，向我的人民，向船員傳福音。奉耶穌的名求，阿們！」

自養的船上宣教士

　　第二天一早，拉路收拾起他的舊書包，捲起他的鋪蓋，敲著格蘭傑家的門，那時他們剛好吃完早餐。

「我來向你道別！」拉路說，「宣教委員會說他們不能差遣我去中國，因為我已不再年輕。但是他們說，我可以去太平洋的一個島上做自養的船上宣教士，所以現在我要去舊金山，在那裡再找一艘船去檀香山。這學期我在學院的表現可以勝過任何學生，所以我深信在上帝差遣我的地方，我仍然能做好船員的工作。」

「但是，拉路弟兄，當你到達那裡的時候，你怎樣賺錢支付伙食和住宿呢？」格蘭傑夫人很關心的問。

「不用擔心那個！我已攢了足夠的錢，在我出發前，我會去奧克蘭的太平洋出版社購買足夠的書籍和雜誌。上帝會幫助我去銷售足夠的書，來支付食物和住宿。除此之外，我別無他求。」

「有什麼是我們可以幫忙的嗎？拉路先生！」威廉‧格蘭傑問道。

「是的，請學生們每天為我禱告，也為船員禱告。」

拉路彎腰，拿起書包和鋪蓋包，然後沿著門廊的臺階開始向下走，然後他突然停下，轉身道：

「也許上帝是要先差遣我為年輕一代的傳教士預備好道路。願聖靈感動『宣教委員會』差遣你們去海外，也許我可以在那裡再見到你們。即或不然，我們也很快就會同主耶穌

在雲中相會。」

　　拉路快步地走向火車站，從那裡，他將要開始一段全新的旅程，與上帝一同駛向偉大、隱藏的未竟之地。

Dark Night
Brilliant Star

第10章 | 來到夏威夷

1884年末，拉路抵達夏威夷，成為一名自養宣教士。他不漏掉每一艘出港的船隻，並親自邀請船員，許多船員都陸續加入他每週的研經課。

拉路站在舊金山往返奧克蘭渡船的甲板上，兩邊是堆積起來高過他頭的箱子，裡面裝滿了書籍、雜誌和單張，這些是他剛向奧克蘭的太平洋出版社購買的。眺望舊金山灣，他看到帆船在碼頭魚貫排列，他不知道哪艘船會提供他一個「桅杆前面的職位」，好讓他可以前往夏威夷。

他聽到了汽笛響起的聲音，意識到有船正駛入港灣。再過半個小時，他將再次申請成為一名船員，他已經失去了作為三副的資格。他記得狹窄、令人難受的前甲板，在那裡一個普通船員在做完艱難任務後，也只能於間隙中小憩一會。

他想起了海上的風暴，冰冷的海浪湧上甲板，使他濕透。他回憶起強大的海風，海盜的威脅，以及對壞血病和其他疾病的恐懼。但這種公海上的危險和困難，現在不再使他感到懼怕，因為他有主耶穌的應許——「看哪，我永遠與你同在！」

傳遞福音

1884年末，拉路到達夏威夷，成為一名宣揚耶穌信息的自養宣教士。他租了一間房子後，便立刻開始訪問駛進檀香山港的每一艘船隻。利用友善、安靜的方式，他向船員和船長提供單張、雜誌和書籍。他曾經是他們中的一員，過往的經歷令他懂得如何理解和關懷他們，這樣信息就傳開了。在與他一同工作的人當中，他贏得了許多友誼。每天早晨，他都要查閱一天之中船隻的離港時間表。他不漏掉每一艘出港的船隻，好在海風吹拂著風帆、船隻緩慢艱難移動之際，讓船員能在安靜、寂寞的日子讀到耶穌和天國故事的信息。

那年冬天，一大群捕鯨船隊在此靠岸，拉路便去尋找他們，直到他找著每一位工作人員，與他們做朋友。很多人都興奮地加入他每週研究《聖經》的課程，一直到第二年春天他們出海。

但他並沒有忽略居住在島上的人們。他挨家挨戶地銷售書籍，分發傳單。當有人問他：「我怎樣才能準備好迎見耶穌」之時，拉路很快就了解到他需要一位全職的傳道人來幫助他。沒多久，他寄給宣教委員會的信就帶來了結果。

老朋友的幫助

1885年12月27日，拉路在駛進碼頭的輪船甲板上，看見了熟悉的面孔。當船員放低踏板時，他迅速地跳上去，走向前去迎接他的老朋友，威廉・夏利牧師和他的夫人，以及他們的小女兒貝蒂。

「現在，我們又可以在一起工作了！」他說。

夏利牧師握著拉路的手：「你曾經在暴風雨的日子迎接我們去安德森山谷。我清楚記得你怎樣刮掉我衣服和鞋子上的泥巴，那個晚上我才能順利講道，現在你又來迎接我們到這個可愛的熱帶島嶼。」

「我永遠不會忘記那一次的聚會，對我們來講那是一系列佈道會的開始。」拉路先生高興地微笑著，「那時上帝祝福你的講道，祂也要祝福你現在的努力。」

「我記得他是多麼地懷念和你一起在你的紅衫木小屋中的情形。」夏利夫人說道，「只要上帝允許，如果你能和我

們儘可能長久地住在一起，在夏威夷一同工作、佈道，這會令我們十分開心。」

「是的，拉路先生，」小貝蒂拉著他的手，「你可以每天給我講故事。我想聽你小時候在農場時，以及你駕船周遊世界時的故事。」

當拉路朝著貝蒂笑時，他的臉上煥發出喜樂的榮光：「你的意思是說，你們喜歡一個像我這樣的老人住在你們家中？」

「我需要一位像你這樣的爺爺，」貝蒂說道，「也許我能幫你向船員傳講耶穌的故事。」

「多麼美妙的想法啊！我願意接受。現在我們最好下船，並開始工作。」

永不匱乏的富足

他們真的開始動工了！他們帶著書籍走遍檀香山的每個角落，訴說耶穌的愛。每天他們前往各家拜訪。很快地，夏利牧師就開始在一個帳篷裡舉行聚會。他們工作時堅持先禱告，上帝就應允他們所求的。新來的信徒幫助他們建了一個小教堂，後來又為島上的華人兒童建了一所學校。

幾乎每天，貝蒂都隨著拉路先生來到港口。他們一起走

上踏板，或者爬上繩梯去每一艘船。當他與船員朋友們交談時，她認真地傾聽，並看著他把雜誌遞給願意接受的人。

「你總是免費送給他們雜誌，為什麼不賣，拉路先生？你不需要錢來買東西嗎？」

拉路伸手到他的內衣口袋，取出了一枚硬幣。

「看這！貝蒂，」他笑道，「這25分錢在我的口袋裡放了好幾年了。我從來不缺乏，我總是有錢買下一頓飯。」

貝蒂會意地點點頭。

「但是我確實有賣書，賣很多書。」拉路繼續說，「用那些錢，我可以買更多的書和雜誌送人。上帝總是看顧我，祂從不讓我挨餓。」拉路把25分錢重新放回了口袋。

「對耶穌來說，你是特殊的人，就像對我來說你很特殊一樣。」當他們一起走過碼頭時，貝蒂緊緊地握著他的手。

按上帝的路前行

有一天，拉路先生在碼頭時，遇見了馬丁船長，多年前他們曾一起航行去香港，他們談著過去的時光，然後拉路告訴他自己對耶穌的愛。馬丁船長買了幾本書，並允許拉路分發雜誌給所有船員。

「我正在穿越太平洋前往中國的路上。拉路，如果你想

回到香港島，請讓我知道。我將在幾個月後返回這個港口，到時候我會很高興你能再次登船。」他說。

他的話就像一束光，閃過拉路的頭腦：「香港！」為什麼之前他沒有想到呢？他很驚訝地趕緊回家，告訴了夏利牧師。

「你知道嗎？香港就是太平洋中的一個島，而它就在中國海岸邊！」他問道，盡量保持內心的平靜。

「是的，我肯定你是對的！」夏利牧師微笑地回答，「但是那有什麼重要的呢？拉路弟兄。」

「你記得嗎？當我申請去中國的時候，宣教委員會拒絕了，但他們同意我在太平洋的一個島上向船員佈道。今天，當我和一位老朋友——馬丁船長交談的時候，我突然意識到我應當遵從他們的吩咐，去太平洋的任何一個島嶼工作。從香港可以看到中國大陸，渡船在兩地之間來回穿梭。香港是世界上最大的港口之一，擠滿了來自世界各地的船隻。這是多麼好的機會，可以向船員們分享基督再來的福音信息啊！中國是如此地接近，我相信，上帝正在呼召我去！」

貝蒂一聽到就跑到拉路先生那裡，爬到他的腿上。「我不認為上帝要你離開我，我不能獨自去船上。如果你走了，誰來帶我去看船員們呢？而且，在香港沒有任何一個愛耶

穌、能像我一樣照顧你的小女孩。當你到達那裡時,誰會去迎接你呢?誰會接你到他們家裡住呢?」貝蒂問道。

「寶貝,我會想念妳的!」拉路抱著小女孩,「你不覺得耶穌會先到那裡,為我安排我所需的一切嗎?也許,我也能成為一個中國小女孩的爺爺呢!我深信,耶穌揀選我作為第一個基督復臨安息日會的宣教士,去香港傳道。我知道,祂一定會預備道路。」

永不停歇的腳步

幾個月之後,1888年3月21日,夏利牧師、夫人和貝蒂注視著「維羅斯底號」緩緩地駛出港口。在碼頭上,一家三口凝視著這位脆弱的老人。當他用黑色的帽子向他們揮手之時,他的白髮和鬍鬚在風中飄動。最後,他消失了在他們的視野中。

「多麼偉大的老先鋒啊!」他們往家裡走的時候,夏利牧師感慨道,「他看似軟弱,但他可以在任何年輕人當中工作,我從未見過任何人有他這樣的精力。他在催促耶穌的再來,他從沒有停止為上帝而工作。看起來他是想彌補遇見耶穌之前、那失去多年的光陰。」

「然而他做事非常安靜,非常友善,沒人會感到壓

力，」夏利夫人補充道，「我從未見過有人像他一樣，能對遇到的每個人都那麼關心。」

「你知道為什麼嗎？媽媽！」貝蒂打斷道，「拉路爺爺告訴我一個祕密：當他發現上帝是他天父的時候，那麼每個人都成為他的弟兄和姐妹了；他說他會情不自禁地去愛這個大家庭中的每個成員。」

全心歸向主

儘管「維羅斯底號」以三個主桅杆，加上前後多桅杆的張帆全速航行，從檀香山到香港仍然花了44天之久。拉路已經和馬丁船長約定，讓他為這次的航行旅費和食物而工作，而船長也同意讓拉路在船上守安息日。

海上的第一個安息日，一位名叫奧爾森的瑞典船員看到拉路在一處安靜的甲板上讀《聖經》。

「你在看什麼，拉路？」他用瑞典的腔調問道。

「我正在讀〈約翰福音〉，關於耶穌怎樣替我死，以致我能和祂一同活到永生。」

「這聽起來很有意思！我記得當我還小時，媽媽為我讀過那些故事。你讀大聲點，這樣我可以再聽一遍。我現在有空閒，可以聽你講故事。」

奧爾森坐在硬梆梆的甲板上，認真地聽著，並不時地問問題，打斷拉路的朗讀。

「我喜歡這樣，」他說道，「明天我們可不可以一起再讀？」

每天，這兩人一有空閒就一起與《聖經》作伴。很快，其他船員也隨之加入。在航程結束之前，奧爾森已經決定要將生命獻給耶穌，並為祂工作。「你認為我可以向其他船員傳揚你所分享給我的福音信息嗎？」

「我相信你可以！耶穌要我們告訴其他人祂為我們所做的，你願意在香港和我一起傳道嗎？我很需要幫手。」

「我想向你學習更多，」奧爾森咧著嘴笑，「我要辭掉海上這種討厭的生活，並跟隨耶穌到任何地方。」

這兩位船員，一老一少，一起跪在甲板上禱告，將他們自己奉獻給主，他們要去香港，如果上帝願意，他們也計畫去中國大陸。

拉路者

Dark Night,
Brilliant Star

福音的光

第11章｜在香港遇到威脅

香港當地基督教派焚燒了拉路擺放的
書刊，並脅迫他立刻離開，他該如何
應對？

1888年5月3日，當船緩緩地駛入香港港口時，拉路興奮地像個孩子一樣。船隻都是在碼頭外十平方英里的範圍內停泊，因貨船不能停靠碼頭，必須透過一些小接駁船進行貨物裝卸，而拉路和奧爾森則乘坐比渡船更小的舢板上岸。

拉路非常熟悉香港，他喜愛這座擁擠的維多利亞城市，它座落在一個多山的島嶼北邊。他雇了兩輛黃包車（二輪人力車）裝載行李，並要車夫把他們帶到繁華的軍器廠大街。他選擇這條充滿商鋪的大街，主要基於兩個理由：第一，他想要靠近港口，那是船員主要活動的地方；第二，商店樓上房

間的租金比較便宜。

開展佈道計畫

　　他們租了一間公寓，這公寓由一個狹長的房間組成，只有前方有窗戶；有一個小廚房，後面有盥洗設備；簡單的牆壁雖然有點髒，但是已經粉刷過了。拉路打開皮夾，付給這位中國店主租金，然後他和奧爾森將一些行李以及裝有書籍、雜誌和單張的箱子搬上這間簡陋的公寓。

　　買了兩個小床、兩張椅子和一張桌子後，拉路和奧爾森立刻開始談論他們在船上所擬定的佈道計畫。

　　「首先，我們把報紙和單張裝在一起，打包成一小捆，將這些放在每艘駛往遠方港口的船上，再做小一點的包裹送給路人。」進行書刊分類時，拉路繼續說道：「奧爾森，你能否拿些木頭來做幾個架子，寫上標籤『閱讀後請放回原處』。把這些裝滿單張和小冊子的架子，放置在靠近碼頭建築的地方。」

　　「好主意！我們是否要帶些書去賣給那些感興趣的人？」奧爾森問道。

　　「是的，從銷售書籍所得中，我們可以用賺來的錢去買更多的小冊子。」

　　他們做好這些準備工作後，兩人就跪在一捆捆充滿真理的書報前，拉路禱告：「哦，上帝！今天我們感受到多年前伯利恆的天使所感受的，就是當天使對牧羊人說，『我報給你們大喜的信息，是關乎萬民的』之時，天使帶來了基督第一次來的信息，現在我們滿有喜樂地帶來了耶穌第二次再來的福音。當這些書刊走向世界各地的時候，請祝福它們。差遣祢的聖靈將同樣的喜樂帶給凡閱讀的人們。我們感謝祢，奉耶穌的名求。阿們！」

　　第二天，兩人租了一艘舢板船，船上裝滿了報紙和書籍，準備把它們帶到大船上。「當船員停留在港口期間，一些船員會有很多事情要做，另一些船員則較空閒，所以拜訪必須短暫而又充滿善意。」當他們坐上舢板時，拉路解釋道。

　　「一開始，你來與他們交談，我負責為此禱告。」奧爾森說。

　　各樣的船隻點綴著香港美麗的港口，不管是蒸汽船還是帆船，還有中國平底帆船以及數百隻小接駁船和舢板，都佔滿了水上的空間。

　　舢板船夫把他們帶到靠近每艘大船梯子的地方。

　　「我們可以上去嗎？」拉路喊著說。一般情況下，船員

要請示大副或船長，獲得許可後才能爬上梯子，但大多數船
隻都歡迎他們登船。

在一艘從澳大利亞來的船上，船長要求他們留下並相談
許久。「我要買那兩本書，」他說，「很久以來，我就想研
究〈但以理書〉和〈啟示錄〉。這本《基督和撒但之間的善
惡之爭》看起來正是我在找的。下次我再來這港口時，一定
要來找我。」

他們遇到了一位美國船長的妻子，穿著華麗衣服，戴著
珠寶項鍊。她對基督再來的信息也產生了興趣，並把拉路的
每種書都各買一份。在每一艘船上，他們都把雜誌和傳單留
給了船員。

熱烈索取的真相

每天晚上，兩人檢查位於碼頭附近的書架。

「它們很快就被拿光了！我們放進去的那80本幾乎沒
了，」一天晚上拉路說，「看樣子好像那些取書的人是有計
畫把它們留在身邊，很高興有人閱讀它們，不管他們是否歸
還。我寧願自己購買，也不願這些小冊子無人關注。」

「我知道有些人正在閱讀。當我在整理書架的時候，一
些人攔住了我，詢問各種問題。那些文章已經觸動了他們

的心，我從未與任何人爭辯，只是用友善和愛心與他們談論。」奧爾森告訴拉路。

「是的，我們不能製造任何麻煩，耶穌總是用智慧和仁愛說話。」

「我們的書籍、雜誌和單張是否很快就會用完了？」奧爾森問道。

「是的，自從我們到達這裡之後，我就多次寫信給加州的太平洋出版社，但今晚我會再次寫信，催促他們儘快把我訂的書寄過來。這裡真是非常適合做佈道工作！」拉路的臉上洋溢著喜樂。

最初幾個月，拉路只會把一些不與其他多數基督教信仰相衝突的冊子分發出去，然後再增加一些強調遵守上帝律法的重要性，以及第七日安息日的材料。與此同時，拉路察覺到一件事——有些香港教會的領袖非常氣憤。一週之後，他們發現書架徹底地空了。

「看！」奧爾森說，「有人把小冊子撕成了碎片，他們甚至焚燒了其中的一部分。」

「我想我們最好每天晚上把它們從書架上拿下來，第二天早上再放回去，不然我們將一無所剩。」拉路看起來很難

受，「我希望新的宣傳品能儘快寄到，不知道為什麼太平洋出版社的弟兄們不回覆我的信件。另外，今晚我們需要打包幾個包裹。有一位經常航行在中國和日本沿海的船長說，他很希望能留一些書籍給感興趣的人閱讀。我也遇見了一位要去暹羅（泰國）的人，他要求我提供大量的書籍送給他朋友，他的船明天就要走了。」

引發軒然大波

第二天，當他們從船上回來時，一位別教會的傳道人衝著拉路跑過來。

「我命令你停止發放那些書籍和雜誌，」他喊叫道，「它們在香港不受歡迎。你明白我的意思嗎？」

「是的，我明白你的意思。」拉路溫和地說。

「我已經警告我教會的每個成員要防備你所傳的謊言，我要他們撕毀你的冊子。我們只需要《聖經》，如果對於耶穌來說《聖經》就足夠了，那麼對你們來說，不也是一樣嗎？」這回他不再那麼大聲喊叫了。

「確實是這樣，先生。《聖經》中包含了我們所需要的一切信息，因為它指向了耶穌。記得祂說過世人知道我們屬祂的方式就是彼此相愛，我們來到這裡就是要分享愛。」拉

路向著那位憤怒的人微笑著。

那位傳道人張著嘴，卻說不出話。「好，你等著瞧！」最後，他這樣說道。

當那位傳道人要離開時，拉路摘下他的帽子。「願上帝祝福你，先生，賜給你恩典，領導你的教會去愛祂、事奉祂。」他說。

幾天之後，奧爾森發現書架又徹底地空了，地上有一堆焚燒過的書籍報刊。有人寫了張紙條放在裡面。「拉路，我們已經焚燒了你所有的書刊，如果你不立刻離開這裡，我們也會一併毀了你！」但拉路是奉上帝之命來到香港，他不怕這樣的威脅。

真理與仇敵爭戰

「如果上帝要我在這裡事奉祂，祂會差遣祂的天使來保護我。如果我的工作得以完成，書刊上所印的真理將永遠存留。我全心地相信，當上帝與我們同在時，任何事都不能阻擋我們。」

「很高興我們能宣告上帝的應許。」奧爾森補充道。

「當仇敵好像急流的水沖來，主的靈必揚起旌旗將他驅逐。」

　　之後的每一天，這兩人繼續租一艘舢板船，開向大船那裡。但他們經常聽到這樣的吆喝：「收起梯子，不要讓他們上船！」

　　他們若沒有接到船長或大副的許可，就無法分發報刊給船員。只有少數人會買書，有好幾天，他們完全沒賣出任何一本書，而這是他們唯一的收入來源。為什麼船員們的態度會突然改變呢？

　　一個星期天早上，拉路和奧爾森發現了原因。一艘小汽船，船頭掛著一面十字架的旗幟，從他們的舢板船經過，然後駛進港灣，停靠在多艘大船旁邊。拉路就問旁邊小船的水手：「那艘小汽船是做什麼的？」

　　「載船員上岸，去聖彼得的船員教堂作禮拜。他們免費提供豐盛的晚餐，並送他們回船。」一位水手解釋道。

　　「事實上，他們一週裡有兩三次出來到海灣。上週五也停靠我們的船旁邊。他們告訴我們要提防兩個騙子，他們銷售充滿謊言的書籍，並說這兩人看起來像好人，但他們聽說其中年長的那一位說話粗言穢語，又說如果讓他們上船，他們無疑會將我們的財物偷光。」

　　水手們划船離開了，拉路看著奧爾森。「看樣子我們還是回到岸邊吧！古時基督與撒但之間的爭戰，現在就在這個

港口上演。時候到了！我們該等待從上帝而來的安排。」

星空下的禱告

晚餐過後，拉路轉向奧爾森說：「我出去走走，你不介意吧？從小時候開始，我就習慣一邊仰望星星，一邊思考，我想到岸邊去好好地看看星星。」「當你出去的時候，我可以寫幾封信。寫完之後，我會去郵局寄信。」奧爾森說。

拉路感覺不到從港口中船上發出來的燈光，因他的眼睛注視著天空。夜晚的星星特別明亮。他記得15年前他也走過同一個碼頭，那時他計畫投海結束自己的生命。但現在，他不再孤獨行走，因為有耶穌與他甜蜜相伴。走到碼頭時，他停了下來，與這位最好的朋友交談。

「上帝啊！今晚看起來再次漆黑。從我所站的地方看，前景似乎毫無希望。但我知道，在祢沒有不可能的事。我會像這夜晚的星星，發出短暫明亮的光，隨後就永久地消失了嗎？我向太平洋出版社寫信距今已經有5個月了，在每封信中我都訂購了書籍、雜誌和小冊子。我不能理解為什麼他們毫無回音，我很傷心他們的辦公室沒有人回信，只有祢知道為什麼沒有人回應我的請求，提供協助。」

「祢也知道為什麼撒但要藉故攔阻我們銷售這僅有的一

點書籍，我不能讓奧爾森弟兄知道我的失望。他從未要求我對他的工作支付薪酬，只求有個地方住，有食物吃。天父啊！給我勇氣！指示我如何支付下個月的租金以及購買食物。明天我大部分的錢都要支付舢板船，它將帶我們去大船上。我知道我能信靠祢照顧我所需的，因為祢有千萬種方式來推進祢的工作，這是我所不知道的。我很喜樂能將萬事交託祢的手而一無掛慮。感謝祢的愛，祢的權能，祢的能力與智慧，去解決我所面臨的每一個困難。」

當這位老船員從岸邊走回來時，他聽到了急促的腳步聲，以及呼喊的聲音：「拉路，拉路，你在哪裡？」

他聽出是奧爾森的聲音，即大聲回答：「我在這裡，我在碼頭旁邊，不要緊張，怎麼了？」

這位氣喘吁吁的年輕人迅速抓住了拉路：「很高興找到了你。快！我們快走出這塊黑暗的地方，到人多的軍器廠大街去，等我們回到公寓時我再告訴你發生了什麼事。」

第12章 | 進入中國 (上)

一道微弱的星光怎能穿透廣闊的黑
暗之地呢？是否有其他明亮的星星，
願意與他一起在黑暗中為上帝的榮耀
而發光呢？

Dark Night
Brilliant Star

奧爾森衝上狹窄的樓梯到達他們的公寓，快速地打開大門，一頭栽在椅子上。拉路緊隨其後，停下來鎖上了房門。

「你臉色看起來很蒼白，像紙片一樣！發生什麼事了？」拉路拿了另一把椅子坐下。

「正當我把信件投入郵局信箱後，我聽到有人叫我的名字。我轉過身來，遇見兩個人，他們問我：『你是船員嗎？』當我說『是』的時候，他們表示已經監視我一段時間了。他們讚揚我所做的偉大工作，並說很多船員告訴他們大

家都很喜歡我。他們擁有一艘汽船，可以接送船員。他們和我邊走邊說描述了他們的偉大計畫，要把基督的信息帶給凡來到香港的船員；並想選我去帶領這項偉大的工作。為表誠意，他們願意支付一大筆錢作為工作的訂金，並承諾每個月有更高的薪酬。」

「那你怎麼說？」拉路身子向前傾。

「我告訴他們我已為上帝做全職工作了，不能再做其他事。他們堅持要我加入他們，並立刻把錢塞到我手裡。當我拒絕時，他們便發怒說：『拉路在你身上使了什麼詭計，讓你這樣為他賣命工作而不計報酬？』我回答：『我是為上帝工作，不是為拉路。我會繼續在船上傳福音，如同我現在所做的！』」

「感謝上帝！」拉路看起來放鬆了點，「我不會責備你去接受一份薪酬高的工作，因為我無法給你錢。繼續講，讓我多了解一些。」

「當他們看到不能賄賂我時，其中一人帶著鄙視的奸笑並威脅我說：『不久後你就會發現，你和拉路在一起工作的時間不會太長了。我無意中聽到，有個中國人被收買了，要把那個老人推到水裡，看他淹死在港口。事實上，就在幾個小時之前，我們看到他向岸邊走去。毫無疑問，那個人已經

下手了！』」

奧爾森繼續說：「我趁著他們說話的時候，慢慢地挨近街道。就在那時，一輛空的黃包車過來，我向車夫做了個手勢，跳了進去，喊道：『快點，軍器廠大街！』他一定是明白了我的意思，因我從未見過一個車夫在人群中，能夠在商販和攤位中左右穿梭的那麼快！當我確信他們找不到我時，我就來找你了。」

拉路靜靜地輕捋著他的長鬚，專注地看著窗外。「確實很有意思！」他安靜地說，「非常高興我們站在即將獲勝的隊伍中，奧爾森。我們有上帝和所有的天使站在我們這邊。」

行在上帝開展的道路

「哦，因為太緊張了，我忘了這幾封信是要給你的。」他說畢，隨即遞給拉路兩封信，「兩封都是從美國來的，郵戳上印著：密西根州——戰溪。」

「11月時，我寫信給懷威廉長老，就是懷愛倫師母的兒子，告訴他我們在這裡的困難，也許上帝要使用他來給我們做參謀。」拉路解釋道，他打開其中一封信，大略讀了一遍。「奧爾森，我們的天父是多麼地睿智和善良！當我在碼

頭與祂交談時，祂已經在你的口袋裡回答了我的問題。祂實在是信守祂的應許：『他們禱告，我就垂聽。』來聽聽這封信的內容，懷威廉長老說他們對我們所做的工作很感興趣，並要為我們禱告。他說他們正送來資金支援這份工作，如果工作在一個地方受阻，我們可以在另一個地方開展。」

「我們的弟兄並沒有忘記我們，我很感謝他們的禱告。」拉路打開了第二封信，當他將折疊的信紙打開之際，一張支票赫然出現眼前。「這是支票！」他拿起來，大聲喊叫，然後讀完這封短短的信。「這將滿足我們未來幾個月的需要。」

「你知道，我想我應該聽從懷威廉長老的建議。昨天，我遇到一位船員，他說他的船明天就要離開，前往日本。我確信，我能搭他的船航行。我不僅能在路上傳福音，而且能得到有關日本福音需求的第一手信息。如果我們能帶給他們準確的信息，上帝說不定會感動宣教委員會，差派宣教士前往那個偉大的國家呢！奧爾森，你能在這裡接管船上佈道工作一段時間嗎？」

上帝打開東方大門

拉路離開香港到日本訪問。他意識到日本人民對聽見救

恩的偉大需求，他盡他所能的去述說上帝的愛。當他回到香
港時，他告訴奧爾森有關這次的經歷。「東方人是向我們敞
開心門的，」他說，「只要我們在美國的弟兄們能持定他們
的異象，上帝正在打開大門，祂的聖靈正催促著我們在祂榮
耀的光中進入這些國家。」

拉路回到香港三個星期之後，汽船「羅塞塔」號從倫敦
駛來，船上有18名從其他教會來的佈道士。他們要從這裡前
往上海，然後進入中國內陸，沿著長江而上大約1800英里的
地方。

拉路覺得這也許就是他期待已久、能進入中國的良機。
他趕緊去了船務辦公室，裡面的人給了他一個低於一般票價
1/4的價格，購買通行證。

他幾乎不能自已，為遇見如此美好的幸運之事無比激
動。「上帝已經打開了中國的大門，我們可以帶著書籍、報
紙和單張進入中國了！」他告訴正在船上迎接他的佈道團
說。

福音種子遍地開花

一天兩次，佈道士們在船上聚會，拉路參加了每一場聚
會，用他親切友善的方式，分享他對耶穌的愛。他與他們一

同為成千上萬尚未認識上帝之愛的中國人禱告。當他在上海
離開這個佈道團之時，他們高興地接受了他的書籍、雜誌和
單張，以便與即將在中國內陸遇到會講英語的人們分享。

　　一位名叫皮爾奎斯特的瑞典籍佈道士，足跡曾遠至中國
內陸，也接受他的幾本書並閱讀了。幾年之後當他再來香港
之時，他遇見了拉路，並奉獻自己成為一名基督復臨安息日
會的佈道士；另一些書籍到了一名英國戰艦的船員手上後，
他也願將生命交託給上帝。當他服役期滿，也計畫奉獻他的
生命去做佈道工作。

　　在上海8天的時間裡，拉路幾乎馬不停蹄。在這座城市
裡，他發現了一座擁有100多位信徒的英文教會，他們沒有
傳道人，因此非常高興能邀請任何教會的傳道人去講道。

　　「如果祂能答應給他們一個佈道士，那該有多好！」拉
路心想。他已經清晰地聽到從上帝而來的呼召，透過懷愛倫
的描述：「到各處去佈道，特別是在中國。」但是一顆微弱
的星光怎能穿透廣闊的異教黑暗之地呢？一顆小小的星星無
法點亮黑暗的夜。是否有其他明亮的星星，願意與他一道，
在黑暗中為上帝的榮耀而發光呢？

傳遞福音信息

一天，拉路在人群中，等待天星渡輪登船口的開啟，渡輪行駛路線是從香港的維多利亞港，穿過海灣，直達大陸九龍港。當拉路聽慣四周含糊不清的中國話時，他突然聽到有人用英語講話。他即刻轉身，看見了一個年輕的中國人正和另一個人談話，拉路決定要去認識這位說話的人。

當閘門打開後，拉路讓這位中國人先過去，然後緊隨其後到了上層甲板。在天星渡輪開始發動駛向海灣之前，拉路就主動找他交談。

「我的名字叫拉路。我聽到你講英語。雖然我在香港生活了4年，我發現很少有中國人能像你講英語講的如此流利。」

「那也許是因為我工作的關係，我是在法院大樓裡做翻譯的。我的名字叫莫文長，你來香港做什麼呢？」

「作為船員，我來香港很多次了。但現在我來這裡是帶著上帝很快就要再來的福音，就是那位創造天地的神之信息。祢知道嗎？祂很快就要來，接那些愛祂的人永遠與祂同在。」

莫先生緊皺眉頭。

「我不相信你的上帝和你的《聖經》，我的家庭敬拜另

外的神。你說有一位像人一樣的上帝，祂愛人類如同父親愛
子女一樣，這樣的想法對我來說似乎很荒唐。」

拉路注意到了莫先生說話的語調，他口氣之中似乎有更
多的請求，而不是爭辯。他眼神之中所反映的與他所說的並
不相符。「你知道任何有關基督教信仰的事情嗎？」拉路問
道。

「不是很多，我聽說耶穌來到世上，作為嬰孩成長在一
個窮苦人的家裡，我也知道殘忍的人們殺害祂。我不喜歡我
們需要一個救主，把我們從罪惡當中拯救出來這樣的想法。
坦白地說，我不知道什麼是罪，所以從罪惡裡救出來對我而
言毫無意義。」

「莫先生，我看得出你是個對思考有深度的人。對於中
國的宗教，我知道很多，我也能理解為什麼你感到迷惑。你
幫我一個忙，好嗎？」

拉路仁慈的笑容使莫先生的臉上也露出了微笑。「如果
我辦得到的話。你要我做什麼？」他說道。

「我剛好在口袋裡有兩本小冊子，我想你也許喜歡閱
讀。然後當你思考一段時間後，也許我們可以見面並談
談。」

拉路福音的光

Dark Nig
Brilliant Sta

第13章 | 進入中國（下）

我渴望你們所擁有的平安和喜樂，
因為我無法從我的神那裡得到，耶穌
能給我嗎？

「**好**，我若在法院有空時就閱讀它們，讓我看看你有什麼冊子。」拉路注意到莫先生向後退了幾步。

拉路從他的口袋中拿出兩本小冊子。第一本書的封面用大字寫著《罪人對基督的需求》；另外一本寫著《審判》。

莫先生猶豫著。拉路看得出來他不想接受這些書，但他正在與中國的傳統掙扎，不想漠視眼前這位需要幫助的陌生人。在等待中，這位仁慈的老人默默地向天父禱告，最後他終於以非強迫的方式把書本給了莫先生。此時，天星渡輪快要抵達九龍港了。

「很好，拉路先生。我會閱讀它們，但我想讓你知道，對你的上帝我並沒有興趣。過幾天後你可以在法院停留一下，然後我可以把書歸還給你。」莫先生立刻轉身，沿著樓梯走到渡輪的下層甲板。

殷切求主開路

那天晚上，當拉路回家時，他對奧爾森說：「今天我發現了另一個天父的兒子，一位優秀的中國年輕人。雖然現在他拜偶像，還說沒有興趣談論上帝或者閱讀《聖經》，但他似乎非常誠懇和坦率。我已經整天為他禱告，求上帝改變他的心，也指示我如何去呈現耶穌的愛，這樣莫先生就會有興趣來認識他的天父。接下來幾天，請為他禱告。」

一週後，拉路停留在法院，要求拜見莫文長先生。當看見他面帶笑容地走來之時，拉路頓時鬆了一口氣。

「拉路先生，如果我不是遵從中國的傳統，去尊敬像你這樣的老人家，我一定會把那些你給我的小冊子燒了！」莫先生繼續笑著說，「第一個晚上，這書使我生氣，我睡不著，想著其中一本書裡提到的審判。第二天我再讀了一遍，那天晚上我做了個夢，夢到你們的耶穌來到世界拯救罪人。從那時起，我把那兩本書讀了數遍，並寫下了很多問題。今

天我很忙，但我想和你談論。我可以保留這些書嗎？」

「當然可以！歡迎你隨時光臨我的公寓，地點就位於軍器廠大街3號商鋪樓上。」

「明天晚上我有空，我下班回家時可以順道去拜訪你嗎？」

「我會在家等你！」拉路先生微笑地走向了大門。

從此，亞伯蘭便開始了多次拜訪。最初，莫先生刻意地避開《聖經》以及桌上其他敞開的書籍。拉路從未強迫他讀，但他經常從中引證。逐漸地，莫先生的身上開始有了改變，拉路和奧爾森可以看到上帝的靈，正在他的身上施行大能。

「幾週之前，我在一家書店買了一本《聖經》，」一天晚上，莫先生說道，「現在我想買那本書。」他指著《基督和撒但之間的善惡之爭》，「我渴望得到你們所擁有的這份平安和喜樂，因為我無法從我的神那裡得到，你們的耶穌能把這些賜給我嗎？」

「祂當然可以！下週你來的時候，我們會告訴你怎樣做。下次來的時候，請與我們一起吃飯。」拉路邀請道。

「我要告訴我妻子，這樣她就不會等我，我們就可以在晚上談論久一點。」

跟隨真理的腳蹤

莫先生對真理的興趣漸濃，他經常待到晚餐之後。一天晚上，他們學習到比平常更晚的時間。「啊！已經過了睡覺的時間。我已經答應我3歲的女兒，要回家給她講故事呢！很遺憾我沒有注意時間，現在她應該已經睡著了。」莫先生起身要走。

「既然已經錯過了講故事的時間，你能再待幾分鐘嗎？」拉路問道，「這是我們的習慣，每天晚上和早上向我們的天父禱告。今晚我們希望你能加入，跟我們一起禱告。」

「但……但是……我從未向上帝說過話。我……我……不知道怎樣做。」莫先生結巴著說。

「不要怕！雖然你非常熟練法院中的法律言辭，但上帝能理解你剛剛學會與祂說話。當你的女兒開始學說話時，你不會嘲笑她幼稚的語言。你就以向朋友談話的方式跟天父說話。」

這三個人一同跪下，拉路和奧爾森禱告之後，莫先生開始禱告，但他緊握的雙手顫抖著，他的聲音聽起來有點奇怪。「天上的上帝，我不知道如何向祢說話。我只知道拜神燒香，以及為了得到神的眷顧而獻上供物。以前我不知道我

是個罪人，需要一位救主。但現在，我感覺到內心極大的空虛。求祢用祢的愛將它填滿，教導我明白有關祢的真理，也成為我的救主，指教我如何跟隨耶穌的腳蹤。阿們！」

這位白髮蒼蒼的老船員抓住金髮碧眼的瑞典船員以及黑髮中國人的手。「我們天父的話總是真理，」他說，引述了〈以賽亞書〉60章1至4節：「興起，發光！因為你的光已經來到，耶和華的榮耀發現照耀你……你的眾子從遠方而來。」

「我是從遠方而來的兒子嗎？」當亞伯蘭・拉路停頓的時候，莫先生打斷道：「我也能為你們的天父發光嗎？」

「你可以用你的方式發出特別的光輝。幾週以來我一直有這個願望，希望幾個月之前我給你的那兩本書能翻譯成中文。」拉路懷著深切的渴望看著他的朋友。

「這想法太好了！」莫先生大聲說，「這樣我的同胞就能閱讀它們。它們能成為有價值的嚮導，幫助他們看到我們救主的平安與慈愛。」

讓福音踏上中國的先驅

「很久以前，我就愛上你們的民族，」拉路的眼光流露著愛，「我在加州經營金礦的時候，就認識很多中國人。後

來我認識了上帝，祂給了我一個負擔，要我把祂的愛帶到中國。但我太老了，學不了中文，所以上帝差遣你去打開這條路。我非常感恩你願意翻譯這些冊子。是的！我們天父的愛將會透過你而發光。」

「我明天就開始翻譯！」莫先生鞠了個躬，就回家了。

有一段時間，奧爾森和拉路在討論開一家健康食品店。時間一到，他們與莫先生會面，他們現在已有能力開店了。一天，當兩人都在店裡時，拉路說：「奧爾森，現在我知道為什麼上帝給我們這個想法去開一家健康食品店。這不僅能支持我們在船上的佈道工作，而且我們會有錢去支付印刷中文傳單的費用。」

「上帝的時間表總是完美的，」奧爾森回答道，「今天接到通知，我們向加州訂的大批食物訂單已經到貨。我查了一下清單，有好幾箱的脫水水果、堅果、餅乾、燕麥片，以及花生醬。」

「太好了！」拉路身子前傾，雙手拍打著膝蓋，「現在，當人們來買這些食物時，我們不但可以給他們英文傳單，也可以給中文傳單，或許他們也會同時買書。」

「我相信我們可以在商店遇見那些在其他場合無法遇到的人。上帝有那麼多的方式，讓我們能為祂發光。」

　　「而且我確信上帝正感動其他的佈道士前來，加入我們在遠東地區的工作。」拉路走到窗邊，向外看著這座城市，「我相信末期近了。奧爾森，你和我，如果可以的話，也許我們能活著經歷最後的末日七災，並看到我們的主顯現的那日。哦！那會是多麼榮耀的景象啊！」

拉路 福音的擎光者

Dark Night,
Brilliant Star

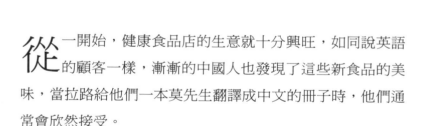

第14章 | 一場意外的影響

> 繩子劇烈地搖晃著，他無法抓住。
> 他試圖抓住另外一個梯子，但仍沒抓
> 到！身子搖晃的更厲害，重重的書包正
> 危險地朝另一邊傾斜！

從一開始，健康食品店的生意就十分興旺，如同說英語
的顧客一樣，漸漸的中國人也發現了這些新食品的美
味，當拉路給他們一本莫先生翻譯成中文的冊子時，他們通
常會欣然接受。

「我想耶穌是我在這商店裡的同伴，」當奧爾森往貨架
上擺放食品時，他說道，「你知道，我一直沒辦法銷售書
籍，但是現在不用說一句話，人們自然而然就來買了。我喜
歡作一名商業佈道士。」

「當我今天去訪問船隻的時候，可以把你獨自留在店裡

嗎？」拉路問道，「如果我把書籍放在我的背包裡，我想我能獨力應付那些梯子。」

「外面的風很大，海水也很洶湧。你爬繩梯時，一定要小心！」當拉路開門向外走的時候，奧爾森從後面叮嚀著。

這位老人轉過頭來，咧嘴而笑道：「你該不是在暗示我這位船員越來越虛弱，是吧？記住，在你還沒出生之前，我就已經開始爬繩梯了喔！」

「但是我看過很多比你年輕的小夥子，在船身突然傾斜的時候失手，他們落水時也很驚慌的。」奧爾森說。

拉路認為奧爾森的擔心是可笑的。可是他回到公寓時，還是花時間把每本書用防水紙包好。很快，他就將一捆捆小冊子、雜誌裝滿了口袋，並儘可能往背包裡塞書。

老友帶來好消息

在渡口建築物那裡，他遇見了從澳大利亞來的一位船長，以前他曾向那船長銷售過三本書。

「我一直在找你，拉路。從上次我來這港口以後就很想見你。我已經看完那幾本書了，我想要更多的書。」

「我有一些你會喜歡的新書，」拉路說著，打開他的書包，「把這些雜誌和單張也拿去看看。」

「太好了！現在我有消息要告訴你。我想了很多關於上次我們見面時你說的話，可能你是對的，這世界也許不會持續超過5年。讀那些書讓我做好了準備，去迎見耶穌，我已經守上帝的安息天好幾個月了。」

拉路脫下了他的舊帽子。

「我現在必須感謝我的天父！」他說。吵雜的渡口對於拉路來說好像一座大教堂，在他禱告時，他的眼中沒有駐足觀看的行人，也沒有船長。船長的一隻手拿著帽子，另一隻手擦拭著從粗糙的臉頰流下的淚水，聆聽著拉路向上帝的禱告。

「我從未聽過任何人像你這樣禱告，拉路先生，」他說，「當你對上帝說話時，天堂似乎變得很近。」

意外總在不經意中發生

拉路離開了船長，他的心在歌唱。當他爬上舢板，要前進到另一艘被許多裝載貨物的小駁船包圍的美國船隻時，他甚至沒有意識到呼嘯的強風。有幾名船員在一張寬廣的裝卸網上爬上爬下，這個網在船舷上延伸了20尺。拉路背著裝滿書的背包，緊緊地貼著水面抓住了繩梯。他注意到船位離水面很高，這表示船幾乎是空的。

他開始爬梯子，他的重量致使繩子在他爬每一步時上下左右搖擺。拉路大約向上爬了三分之二，幾名船員朝欄杆這邊走過來，並在拉路的左邊向下爬。他們下來得很快，並沒有注意到拉路正在向上爬，他們的舉動導致繩子更加搖晃。

其中一人在拉路要抓住另外一個梯子時碰撞了他，繩子劇烈地搖晃著，他無法抓到它。他就試圖抓住另外一個梯子，但也沒抓住。身子被搖晃更遠，拉路再試了一次，然而重重的書包正危險地朝另一邊傾斜，改變了他的重心。他感覺到書包從肩膀滑下，但他不敢鬆開另一隻手，以免跌落。再一次，他用空的那隻手拼命抓住那個搖晃的繩梯，但他手臂上書包的重力使他無法伸出手。

這次攀爬耗費了拉路大量的體力，繩梯繼續前前後後地搖晃著，這時書包已經滑下他的手臂，最後他只抓住了書包的帶子。

差派救援天使降臨

他靜靜地默禱著：「天父啊，救我！」

他再次向下屈身，試圖拿住書本，並抓住繩梯。可是當他伸手去抓另一個梯子時，重重的書包從他手上滑落。一名從梯子爬下來的黑人船員，看到了書包正往下墜。

　　很快，這位年輕人跳入水中，在書包沉入水裡之前抓住了它。在旁邊一直注視著拉路的舢板船夫，用槳拍打幾下，朝那位手拿書包踩水的黑人船員划去。

　　「到這裡來，拿著！」這位黑人喊道，「趕快，這水很冷！我必須幫助這位老人。」

　　舢板船夫把書包拉進了他的小船，那位黑人船員抓住繩梯，靠著幾個迅速的動作，便來到拉路身旁。這位老人像一片樹葉一樣在搖晃。

　　「謝謝你，孩子！」他低語道，「當一個老船員真正需要幫助時，你幫了他一個大忙。」

　　「對我而言，你需要更多的幫助。讓我幫你下到舢板船吧！這風很大，浪很洶湧，我們不想看到你全身浸濕，這是我的本分。」

　　這位強壯的美國黑人一邊說著，一邊挽住拉路的一隻手臂，幫助他沿著繩梯下來了。他們一踏入舢板船時，他就先把這位老人安置穩妥。

　　「我得趕緊上船，換好乾的衣服，然後我可以送你回家。」他說。拉路向後靠在小船上，閉上雙眼，一隻手撫摸著寶貴的書籍。

老船員衷心的邀請

「我到底怎麼了？」他心想，「我以前從來沒有這樣的感覺！」

很快，這位年輕人爬下繩梯，跳進了舢板船。拉路仍然在發抖。這位黑人脫下他的夾克，裹住拉路的身體，頓時拉路感覺溫暖多了。他為黑人船員那雙抓住書本，幫助他前往碼頭，送上黃包車的強壯膀臂感到高興。在公寓裡，這位年輕人堅持道：「你得在溫暖的被窩裡休息一會兒。」

拉路向後靠在枕頭上，對著這位年輕的船員微笑。

「我相信，是我的『父親』差遣你來救我。」

「你年紀這麼大了，父親應該不在世上了吧！你的書包落水時，我看到你的周圍都沒有人。」這位黑人船員看起來很困惑。

「我的『父親』一直與我同在。祂知道我作為船員，已經不像以前那樣強壯，所以祂差遣一位像你這樣強壯的人來幫我。你是否介意幫我打開書本，看看裡面有沒有受潮？」

「只有船員才會想到用防水紙來包裝，」這位年輕人在打開書籍包裝紙時說，「只有書本的頂端是濕的，而且只是在角邊。不過，它們的書名確實有點奇特。」

「我必須要告訴你有關我『父親』的事。」拉路說道。

「在你說之前，我有個問題，」這位黑人船員打斷道，「這是我第一次來香港。當你要掉下來時，我正準備上岸度假。我只有兩天的時間可以玩，想要體驗這座城市的每樣事物。有人告訴我這裡有吸食鴉片的地方，因為你是一名老船員，一定知道在哪裡可以找到那些好玩的。」

「是的，孩子，我知道。因為我已經將我的很多朋友從鴉片窟拉到了船上。我看到他們失去了男子氣概，整夜通宵地成為鴉片的奴隸。我也觀察到他們因此毀了船員的事業，並在數月之內就成了廢人。今晚請多待一會兒，與我們一起吃飯，我的搭檔可以烹飪你想念的那種家鄉菜。當我們享用時，我可以告訴你有關我的『父親』。」

「你的話讓我想到了我的爺爺，他講的故事最棒了！但就在我出海之前，他過世了，我想念他。」這位年輕人走向窗邊，看著窗外明亮的燈，以及下面熙熙攘攘的人群。

「我真的很想出去，看看這座城市。」他猶豫著，「但是……好吧！在吃膩了船上的食物之後，家常菜一定會很美味。」

佳美福音再次得勝

就在拉路開始訴說有關上帝的故事之後不久，奧爾森回

來了。他很聰明，沒有問拉路為什麼躺在床上，就開始切菜，預備晚餐了。因為他稍後就會知道的，現在他的工作就是好好招待這位黑人船員，客人好像正認真地聽著天父的故事：祂差遣祂的獨生子來拯救這個世界，而世界卻不認識祂也不愛祂。

那個夜晚，小夥子離開回到船上之前，拉路遞給他一捆書報以及一小本《聖經》。

年輕人接過書刊，說道：「謝謝，拉路先生！我會讀這些的。我來香港原本是計畫去花天酒地，並在鴉片窟裡消磨時光。我這草率、罪惡的行徑已經多次地傷害了我母親，我不知道這也在傷害上帝。你的天父也許差遣我把你從水中救出來，但我想，祂也差遣你把我從更糟糕的境地中拯救出來。」

在他離開之後，奧爾森遞給拉路一封從日本來的信。

拉路讀了一下信封上的寄件人地址。「哇……這是威廉和莉茲‧格蘭傑寄來的。我一直不明白，他們為什麼隔這麼久都沒有回覆我的信。他們好像很想知道我們在這裡的工作。他們是很好的人，你會喜歡他們的，奧爾森。你想知道，這信為什麼是從日本寄的嗎？」

　　拉路撕開信封，仔細閱讀了信件，然後大聲說出：「太好了！奧爾森，你聽！」

　　拉路弟兄，你的來信以及來自宣教委員會的呼籲讓我做出了一個重大的決定。我已經辭去了學院院長的職務，接受主的呼召去了日本。在你收到這封信之前，我們已在東京為日本的年輕人開辦了《聖經》學校。莉茲、我的女兒和我都希望你能來日本拜訪我們。

拉路 Dark Night, Brilliant Star 得音的擎 者
光

拉路福音的光

第15章 | 回到香港（上）

拉路自日本回到香港後，上帝的靈打動了很多住在香港的人，他們透過〈啟示錄〉中「三天使的信息」接受了耶穌。耶穌——這顆明星，正在黑暗之處發光。

Dark Night
Brilliant Star

大約一年之後，拉路終於有機會去日本訪問了格蘭傑一家。「真高興能再次見到你們！」當這一家人迎接他去他們家裡時，拉路說。

「有你在這裡，我們的大家庭現在圓滿了。」他們說。

格蘭傑一家已經在東京組織了一個小教會，他們聊起多年前在安德森山谷建立的教會，也談論正在墨西哥做佈道士的麥卡洛克一家，更說到在北加州哈魯茲堡學院的學生，他們已經獻身為主作工，接著說起在香港的船上佈道工作並日本的《聖經》學校。

「與上帝同工是多麼美妙！祂應許我們『智慧人必發光』，這真是個令人振奮的想法，凡使多人歸義的將如星發光，直到永遠。」格蘭傑牧師說道。

這位心滿意足的老船員向後靠在格蘭傑夫人的搖椅上，微笑地回答：「每當夜晚，我向天觀看，我很高興天父創造了那麼多星星，一些很亮，一些微亮，但全都在發光。天空夠大，容得下更多的星星。每一個從自己轉向耶穌的人，就像一顆新星閃耀在夜空中。」

拉路坐在椅子上前後搖擺著，他因住在他的朋友家裡而沉浸在喜樂的滿足中。

「莉茲，你的家是多麼地舒適！在香港我還不習慣像這樣的椅子，有時候我想也許我太勞累。自從我從船梯上摔下以來，我不得不停止去船上了。我真心希望耶穌早日來臨，因為我開始衰老了。」拉路眨了眨眼睛。

「為什麼不閉上眼睛小睡一會兒呢！我去準備晚飯。」格蘭傑夫人建議道。

與信心同行

這位困倦的老人很快就在這張舒適的椅子上睡著了。格蘭傑夫人感受到他的喜樂，就對她女兒說：「拉路弟兄總是

捨己為人，他從來不為自己買東西，甚至沒有一張舒適的椅子，他省下所賺的每一分錢，全部都用在上帝的工作上。我想送給他那張搖椅。」

「媽媽，你的意思是要把你最喜歡的椅子送給他，就是你最好的東西？」

格蘭傑夫人點點頭，喜樂地微笑著：「是的，當他離開的時候，我們要把它帶到船上並與他同行。」

這個佈道士家庭享受著與亞伯蘭‧拉路在一起的每個時光。時間過得真快，道別的時候來了。在甲板上，格蘭傑牧師把手放在亞伯蘭‧拉路的肩膀上，說：「記得我受洗的那天，幾乎是20年前的事了，你怎麼會認為你手上所作的工就快結束了呢？上帝真的對我們倆都有更大的計畫。」

拉路笑了，他說：「我從未想過上帝會揀選你來日本，帶領我們的工作。但祂早在1889年時已經計畫好了，那時我就在這座城市為差派文字佈道士而禱告。我正在領受依靠上帝每天的指引是多麼地美妙。我愈信賴祂，祂就給我愈多的榮耀和恩典去與他人分享。只有那樣，我才能擁有偉大的信息去分享祂帶給我的人們。」

船隻離港的汽笛聲響了。格蘭傑抓住拉路的手，然後步下踏板。「願上帝的能力藉由我們倆，像星星一樣發光，直

到永遠。」他說著，回頭看著這位白髮蒼蒼的船員站在欄杆的邊上。

當船緩緩地駛入東京灣時，這位年近80歲的老人確信，他將很快在雲中與耶穌一同，見到他許多的好朋友。

最好的安排

回到香港後幾個月，拉路收到了格蘭傑夫人的一封信，十分令他震驚和心碎。

她寫道：「1899年10月，我親愛的丈夫，威廉·格蘭傑，突然去世了。我要繼續留在日本，接續他開創的工作。」

這位悲傷的老人躺在她贈送的搖椅上，凝視著天空。然後他說：「為什麼祢讓他這顆明亮的星星發出如此短暫的星光，而讓我這微弱的星光如此長久發光？我的天父啊！我不明白，但我必須相信祢的智慧。」

那幾年，莫先生和他的家庭已經和亞伯蘭·拉路建立了深厚的友誼。現在，他緊握著小女兒的手，走在軍器廠大街擁擠的人群中。孩子提著一個用亮紅紙包裝的盒子，莫先生拎著一個大袋子，他們小心地閃躲穿越過滿大街的商販物品，盡力為自己開路著，走向一道位於兩個商鋪間的黑暗樓

梯。小女孩跑在她父親的前頭，奔上樓梯，用她的小拳頭敲打著門。

當她聽到「進來」的熟悉聲音時，她的爸爸立刻旋轉門的把手。

「新年快樂！」莫文長先生邊鞠躬邊說道。

「恭喜發財！」小女孩也大聲說道。她跑到這位坐在搖椅中的老人那裡，用雙手奉上禮盒。

「也祝你們倆新年快樂！你今天要給爺爺什麼樣的驚喜呢？秀蘭！」當這女孩爬上他的膝蓋，依偎著他的時候，這位老人問道。

「我妻子做了一些她親自特別為您烘烤的餅乾，秀蘭幫她用紅紙包裝好。您知道，這意思是好運。當我們經過一個水果攤，秀蘭堅持要買這些特殊的中國新年水果。」莫先生從袋中拿出兩顆柳丁、兩顆柚子、兩顆梨子和蘋果，以及一串葡萄。

秀蘭用中文講著，他的父親快速翻譯著。不同的語言並不會讓這位慈祥的老人對他膝上的小女孩的愛產生障礙。

「新的佈道士什麼時候要來，您有任何消息嗎？」莫先生問道，「我真心希望能早日受洗！」

「還沒有，但宣教委員會承諾我們很快會有好消息了。

對了，莫先生，你知道嗎？我們已經快發完了你所翻譯的單張，我必須要再印第二次了。請教我一些中文句子，這樣我在大街上遇到人時就能派上用場。」

「我很願意，我們可以現在開始嗎？」

殷切的學習

亞伯蘭‧拉路在學習中文的事上費了些勁，他反覆地練習，但是發音和音調還是不對。小秀蘭搖著頭，一遍又一遍地教他。最後，這位小女孩點頭微笑，因為拉路已經能正確地發音了。

「我想今天我們已經上了夠多的中文課，我們明天再來看看你是否記牢了。」莫先生說。

「請吧！」拉路抱著小女孩，「不要忘了把秀蘭帶來。」

「我還有另外一個禮物，」莫先生說，「但不是給你的，是給我們天父的。從現在起，我要遵從祂的命令，奉獻十分之一。請看！這是用在最有價值的事上。」

莫先生拿了一個大信封，放在桌子上，拉著他女兒的手，在拉路還沒開口之前就離開了。

「我必須要出去，在我忘記之前好好練習這些中文句

子。」在莫先生和秀蘭走後，拉路對自己說。他把新印刷出
來的小冊子裝滿袋子，朝著天星渡口走去。

　　某些發音和音調一定是錯的，因為當他向中國人說的時
候，每個人都給他一個奇異的眼神。但他的笑臉並沒有錯，
即使他的口音不順他們的耳，他們仍然接受單張。

　　「太好了！莫先生明天會給我再上一節課。」他想。

拉路 *Dark Night,*
Brilliant Star
福音的擎者
光

第16章 | 回到香港（下）

> 我的天父，我感謝祢讓我看到祢的光
> 照耀在這黑暗的地方。今天，我已經
> 看到了中國黎明來臨的時刻。

在碼頭，拉路注意到有幾艘英國的軍艦停靠著，他讀著艦上的字：「英國皇家海軍艦艇」（H.M.S）。「如果我能出去，見見那裡的水兵，那該有多好！」他想。因為他總是把每件事都告訴上帝，他便大聲地懇求：「父啊！請把他們帶到我面前！」

但是上帝有千百種方式來回應我們的禱告，祂在5個月之前已經啟動了這個回應。

在船上，一位在英國購買書籍而接受耶穌的水兵，已經開始與人分享救恩信息所帶給他的興奮了。從一月以來，

他的八個朋友已經陸續加入了他的行列，一起研究上帝的話語。五月戰艦在香港停泊的時候，他接到必須立刻調到一艘魚雷船的命令，並到中國服役。

「同事們！」他說，「我不想這麼快就離開你們，但我聽說有一位老人名叫亞伯蘭·拉路，他住在香港。他銷售書籍，分發單張，訴說上帝的愛。只要能找到他，我相信他能引導你們，從《聖經》中明白真理。」

當這些船員獲得上岸的休假許可時，他們坐著一艘舢板船到達天星碼頭的建築物。

「看這裡！」其中一人指著裝滿書籍的架子。他一本一本地拿出來：「《時兆》、《現代真理》、《健康信息》，請隨意拿，朋友們！亞伯蘭·拉路一定就在附近的地方。」

每一名船員拿一本雜誌，因為渴慕上帝的話語，他們全神貫注地閱讀著，並沒有意識到有一位中國商人正站在旁邊看著他們。

最後，有一個人說：「這正是我們需要的，我們必須找到放書的那位老人。」

這個中國人往前幾步，鞠躬道：「我能有這份榮幸帶你們去見他嗎？」

「你認識亞伯蘭·拉路？」他們驚訝地問道。

「我跟他很熟。事實上,今天上午在我上班路上,我還經過了他那裡,與他一起晨禱。」

「你帶路,我們跟著你。」他們說。

帶領一群渴慕者

他們組成了一支有趣的隊伍。莫先生穿著中國紳士長袍,快步地走著;在他後面,跟著一列縱隊,是一群身穿制服的人——白色褲、藍色大領水手衫、寬邊帽子的水手。走到在兩間雜亂的商店中間一道樓梯前,莫先生停住了,並指向上面。

「他住在上面的公寓裡。」

「你認為你是否應該走在前頭,告訴他英國海軍就要到了?也許他會非常震驚。」一名水兵說道。

「你不知道拉路先生,他的房子總是擠滿了水手。除了天父,他最愛的就是祂的子民,特別是船員。他讓人覺得如果他們能留下吃晚飯,就是在幫他的忙,這樣他就能藉此講述耶穌快來的事。來!大家一起來,去見我的朋友。」

當他介紹他們給這位坐在搖椅中的老人認識時,莫先生臉上露著微笑。

迎來興奮的好消息

「我給你帶來了一批從『英國皇家海軍艦艇』來的水兵。他們希望你能為他們講述我們的天父。」

拉路跳了起來。

「歡迎，朋友們！現在讓我們感謝我的父親。就在幾個小時前，我祈求祂能給我帶幾個水兵來，然後現在你們就來到這裡了！」

因為中國「義和團事件」的爆發，軍艦停留在香港有一段時間。每次英國海軍允許水兵上岸休假時，他們就到軍器廠大街3號，因為他們已經學會了愛戴這位宛如他們父親的慈祥老人。當他們學習了從上帝話語而來的真理時，他們就會遵從真理。拉路看出他們對耶穌的愛，就寫了一封緊急郵件寄給宣教委員會。

幾個月焦急耐心的等待，最終迎來了歡樂的一天。1902年2月2日，亞伯蘭・拉路迎接第一個由基督復臨安息日會正式派遣過來的傳教士。經過29天的航行之後，J.N.安得純牧師和夫人，以及安得純夫人的妹妹譚愛德小姐，隨船抵達了港口。

福音的新盼望

　　香港的春天來得很早。在往拉路公寓的黃包車上,他們欣賞著充滿蔬菜,花和水果的貨攤。拉路已經計畫了一個盛大的迎接活動。當他們用餐時,他告訴他們關於軍艦上的水兵以及莫先生——一位非常愛主的中國朋友;還有皮爾圭斯特先生,一個從別的教會來的傳教士,這些人都在要求受洗。

　　3月1日安息日那天,陽光燦爛和煦。這一小群人聚集在軍器廠大街以東兩英里,一個美麗的香港港口沙灘上,在那裡,大約下午三點鐘,一位近乎80歲的矮小老人向外遠眺太平洋。對他而言,水面上反射的日光就如同上帝兒子所發出的光輝。安得純牧師引領著年輕的水兵們及其他人走進水裡。當拉路看到這些他自己的人民,決定終身跟隨耶穌時,他幾乎不能抑制他內心的喜悅,以至那些站在他附近的人都聽到了他靜靜禱告的心聲。

　　「我的天父,我感謝祢讓我看到祢的光照耀在這黑暗的地方。今天,我已經看到了中國黎明來臨的時刻。我知道這顆明亮之星已經在他們心中升起。願這些分散在遠東各處的書籍和雜誌,能促使這顆明星在更多的人心中升起。阿們!」

拉路
福音的光擎者

Dark Night,
Brilliant Star

拉路 福音的光 使者

拉路看到港口裡停泊船隻的燈光，
再望著佈滿星星的夜空，感謝地說：
「父啊！謝謝祢親手托住了我們所有的
人。」

Dark Night
Brillant Star

奧爾森先生離開之後，拉路大部分的時間都待在健康食品小店裡。安得純牧師和夫人在跑馬場附近找到了房子，距離香港港口有點遠，但他們經常順道拜訪拉路。

「你願意過來與我們一起住嗎？」他們邀請道。

「謝謝你們的邀請，但是我覺得我必須住在靠近船舶的地方，在那裡船員們可以找到我。他們之中有很多人還是孩子，當遠離家鄉的時候，他們需要指引和友誼。」

「你看！上帝從未呼召我去講道，」這位老人回答道，「或寫些什麼文章。」他輕聲笑著，「幾年前我寫了一本小

冊子，也把它印了出來。後來我把它送給懷威廉長老，當他指出這文章寫的很差時，我把它們全部扔了。他說裡面充滿著錯別字，句子的語法寫得很糟，標點符號更是亂。除此之外，他覺得裡面上下文不連貫、不完整。所以我知道我的使命就是熱愛人民，對他們一個接一個地傳講福音。」

「你好像是在仿效耶穌的方法，」安得純牧師說道，「上帝的愛所發的光輝，透過像你這樣的人，會比我們這些接受過更多教育和訓練的人來得更加明亮。恐怕我們是因為太忙碌，而無法真正地去關愛人們。」

「如果我在生命最初的50年就能認識我的天父，那該有多好！」一絲悲傷的神色掠過拉路的臉，「但是，祂已成為我這30年朝夕相處的伴侶。你知道11月份，我就要滿80歲了嗎？我清楚地記得眾星墜落的那個夜晚，那時我多麼希望能知道這重大預兆的意義。如果那時就知道，我會一輩子事奉上帝。那就是為什麼我必須將這個福音告訴我遇到的每個人，儘管許多人不見得像我一樣渴望看見耶穌。」

撒播的種子發芽了

就在那時，門打開了，有人喊著問：「有從加州來的上好全麥餅乾和棗子嗎？」

　　一位英國船員上來，走向拉路，握住他的手：「我從新加坡來，剛到這裡，就直接下船來找你了。我們在幾小時內就必須回到碼頭。」

　　拉路認出這位年輕人，就是前一段時間他送給他書籍的那個人，亞伯蘭幾乎對再見到他已不抱任何希望了。

　　「很高興你來這裡加入了我的朋友，」這位年輕人對安得純說，「上次見面時，我讓他很難堪。我深感羞愧地說，那時我嘲笑他關於上帝和《聖經》的想法。你看！我相信人死後靈魂還活著，他沒有跟我爭辯，只是給了我一些單張。我在船上研究它們，現在來這裡告訴你，拉路先生，我想你是對的。這是有道理的，上帝讓死人睡覺直到祂再來的時候喚醒他們。」

　　「每天我都向我的天父禱告，願祂幫助你理解這些真理。」拉路高興地緊握著他的雙手。

　　「上帝果真照著你請求的做了。既然在這點上你的觀點是正確的，也許你應該分享更多有關其他《聖經》主題的冊子。我很想購買關於如何研究《聖經》的書籍，你有嗎？」

　　拉路給了他一本《閱讀聖經》。

　　「閱讀這本書，你就能發現《聖經》是個無窮盡的美妙真理。」

「謝謝，我要買這本書。當我春天回來的時候，我們有好多東西可以談論。我們的船今晚就要出發，現在我必須回到船上，請繼續在你的禱告中記念我。」他說。

「我愈來愈渴望那一天的到來，就是我可以面對面與天父談話的時候。」拉路說，「如果『父親』在天上，而祂大部分的兒女仍然在遠處，天國一定是個孤獨的地方。然而，令人傷心的是，祂大部分的兒女都不想回家。哦，我多麼希望看到那片預示著我主來臨的東方雲彩！」

拉路與這位船員一起走到門口，向東方望去，彷彿他正在觀望，要看基督來臨的那一刻。

老人的心願

幾個月之後，安得純牧師從他位於跑馬地附近的住家窗戶向街上望去，他看到了一輛黃包車停下，拉路先生走了出來。他跑下樓梯去迎接他。

「真高興見到你，拉路弟兄。對不起，我們的房子是在這麼陡的山上。」

安得純注意到他的老朋友爬樓梯比平時更慢了，中途停下休息了好幾次。安得純夫人接待他，為他倒了一杯水。

「請留下與我們共進晚餐，」當拉路向後靠在一張椅子

上，開始喘氣時，她說。

「非常謝謝你們邀請我，但這次我不能留下來。我告訴車夫在山下等我，所以我不能久留。我只想讓你為我保存這個。」拉路從口袋裡拿出一個信封，遞給安得純牧師。

「這是我的心願，」他解釋道，「這一小筆錢，是我賣書和健康食品所賺得的，我希望它能用在我所愛的工作上，這是特別留給中國聖工的，現在我必須走了。」拉路站起來，並補充道，「我這樣做，是假設當耶穌來的時候，我已經不在人間了。」

這位老人向下走去，但他並沒有快速轉身。安得純夫婦看到淚水順著他的臉頰淌下，他們也注意到了這短小虛弱的步伐，慢慢移動的雙腳，以及發抖的膝蓋。安得純牧師上前去扶著他，但他推開了安得純的手，拉路仍然可以自己走，依靠在天父強大的臂膀下。對他來說，伸出手臂要人扶持的那一刻還沒有來到。

「他的體力正在衰退，精力也已經大不如前。我可以看出他與幾個月前我們剛來香港時的樣子不太一樣了。」安得純對他妻子說。

「是的，恐怕你說的對，」她說道，「但是儘管他愈來愈虛弱，他對耶穌的愛卻愈發增強。我從來沒有聽過他對與

他意見相左的人，說過任何一句責備或批評，他是如此平靜地與他的天父在一起，任何事情都不能打擾他。」

不停歇的未竟之志

即使太陽剛剛下山，拉路還是引導黃包車夫來到港口上方的一塊小墓地。付了車費之後，他示意車夫離開，然後慢慢地，小心翼翼地，甚至恭敬地，他進入了墓園的大門，行走在墓碑之間。他經常停下，儘量不要踩到墳墓上，然後他的嘴唇開始顫抖。

「哦，我的天父，」他禱告著，「我不想躺下，歇下我的工作，我願意活著看到我的主降臨。祢讓我看到了眾星墜落，祢不願讓我看到我的救主回來時更大的榮耀嗎？我愛祢賜給我做的工作──船員和中國人，但我更加愛祢。如果這是祢的旨意，請給我力量忍耐，延長我的生命，因為我才剛剛開始做祢所託付我的事，有這麼多未完成的事，我如何能停下來呢？」

拉路靠著一棵樹，抽泣顫抖著，淚水淌下他的臉頰，內心的憂慮更加激烈了。他雙手禱告著：

「天父，祢知道我有多累，真的太累、太累了！為什麼只有如此少數的兒女願意迎見祢？出於愛，祢已經延遲了再

來的時間，以便更多的人可以做好準備。請求祢，讓我能活到祢再來！」

他的嘴唇顫抖著，但已說不出話。當他等待著答案時，夜幕降臨了，星星一個接一個地出現。在頭頂上，他看到了一串星星，是北斗七星。他腦海中浮現出約翰在〈啟示錄〉第一章中的話語：「你所看到的我右手中的七星。」在那一刻，他似乎聽到了上帝的聲音。現在，新的淚水，帶著順服的喜樂，從臉上流下。

「現在，我明白了。父啊！在祢的右手中握著七星，而我只是祢教會中的一小部分。但在祢手中，也有足夠的地方留給我這微弱的星星。不是按照我的意思，乃是照祢的旨意成全，在祢的手中安息，我已心滿意足。」

內心的交戰結束了。他的天父賜給他平安，拉路放心了。在他下方，他看到了港口裡停泊船舶的燈光。船員，中國人——所有的人都在上帝的手中。拉路微笑著，仰望著佈滿星星的夜空。

「是這樣的，父啊！」當他走向大門的時候，他說道，「感謝祢親手托住了我們所有的人。」

拉路 Dark Night,
Brilliant Star
福音的擎 者
光

第18章 | 在主裡安歇

拉路用盡全力說道：「我──我深信
──我天父能保全──我所交付祂的
──直到那日。」

Dark Night
Brilliant Star

第二天，拉路比往常晚了些才打開健康食品店的門。那天，下床並從事他的工作似乎比以前更困難了。

在之後的幾週裡，白天食品商店的大門打開的時間愈來愈晚，但是每一天，他從未停止向那些來買食物和書籍的人訴說耶穌的愛。

有一天，當安得純牧師來看望這位白髮老人時，他發現他劇烈地咳嗽著。「你感覺怎樣？」他問道。

「只是受了點風寒，」拉路回答道，「我很好！」

第二天中午，安得純來到店裡探望拉路，發現店門緊

閉著，他趕緊上到軍器廠大街拉路的公寓，沒有人來應門。
當他打開門的時候，他發現這位老人正睡着，他的臉漲得通
紅，呼吸很急促。

當他醒來時，他已經嚴重着涼了。「只是受到另一個瘧
疾的侵襲。」拉路虛弱地說道。

「那麼，」安得純回答道，「我想最好接你到我家
住。」

在這位病重的老人能作出反對之前，又聽到了另外一個
敲門聲，幾位船員進來訪問他們的朋友。

「我很高興你們幾個人來，」安得純牧師說，「我需要
你們的幫忙，把拉路先生抬到我家，在那裡他可以得到妥善
的醫療照顧。你們誰願意去叫醫生嗎？」

這幾個人輕輕地把亞伯蘭·拉路抬上了一輛黃包車，帶
他到安得純的家裡。在那裡，他們盡可能地細心照顧他。

檢查拉路之後，醫生看起來神情嚴肅。「他病得很
重，」他說，「這不僅僅是瘧疾的侵襲，我恐怕他的肺裡已
經積滿了液體，他可能也有傷寒熱。以他這個年紀來看，我
不抱太大的希望。」

期盼在雲裡相聚

　　現在大部分的時間，拉路都在沉睡。牧師的家人和一位船員守在他身邊，每當他醒來，他的嘴唇就微動著。此時，這船員就側身過去，要聽這位病重老人所說的微弱話語。

　　他們意識到拉路正在與他最親密的朋友談話，就是他的天父上帝。然後，他的臉上帶著微笑，即將進入一個深沉的睡眠。

　　1903年4月26日早上，他睜開了眼睛，示意他的朋友們靠近。他試圖舉起手，卻無力舉起。慢慢地，他用盡全力說道：「我——我深信——我天父能保全我——我所交付祂的——直到那日。」一個長長的停頓之後，然後他最後說道：「當我們相聚在雲裡。」

　　他再次閉上了雙眼，但他的臉流露出平安和喜樂。這位勞累的船員在信靠祂的天父懷抱中睡着了。幾個小時候後，他停止了呼吸。

小女孩的期待

　　在城市另一邊莫先生的家裡，小秀蘭正在等待她父親的歸來。他已經答應要帶她去探望親愛的拉路爺爺，自從他病重以來，她已經好幾天沒看到他了。

　　為什麼爸爸這麼晚了還不回家？他已經答應要早點回來的，他們計畫要帶她最喜愛的蘭花去給拉路爺爺，她知道這大盆的白蘭花會讓他感覺好點。這位小女孩把鼻子貼在窗玻璃上，最後她看到爸爸轉過街角，沿著大街走上來。為什麼他低著頭，走得這麼慢？

　　秀蘭捧著蘭花，跑到門邊。「看，爸爸，看這花有多漂亮！盆上的大紅蝴蝶結是我自己繫的。拉路爺爺一定會喜歡這紅色蝴蝶結和白蘭花的，是不是？」

　　爸爸迅速地轉過來，卻沒說什麼，他花了很長時間才把外衣掛在衣帽間裡。

　　「求求你，爸爸，我們現在可以走嗎？我已經等很久了。」她央求道。

　　「現在還沒有空，」她爸爸回答道，把手放在她頭上。「我必須上樓到房間，妳在這裡等著！」他說。

　　秀蘭的眼睛注視著他上樓梯。為什麼他不像往常一樣微笑，或是親她？他早上離家去工作時還是很高興的，為什麼現在他看起來這麼悲傷？她坐在樓梯的第一個臺階上等著。

　　在等待一段很長的時間之後，秀蘭聽到她爸爸從房間出來。她跑上樓梯，抓住他的手。「求你啦！我們可以現在找拉路爺爺嗎？」她問道。

她爸爸點點頭。

「你拿著蘭花，爸爸，因為我可能會弄掉。」她把這盆大白蘭花放在她爸爸的手裡，然後跑出門，催促著：「快點！爸爸！」

到了軍器廠大街拉路爺爺的公寓，爸爸正付錢給黃包車夫時，秀蘭已跑上了樓梯。通往公寓的門半開著。

這小女孩跑進去，靜靜地站在房間的中央，困惑著問：「拉路爺爺在哪裡？」

「他不在這裡，秀蘭，」她爸爸說，走進了房間。

「他很快就會回來的，」秀蘭自信地回答，「我就坐在搖椅上等他，請幫我把蘭花放在桌子上《聖經》的旁邊。」她一邊說一邊爬上了搖椅，前後搖擺著。

「這蘭花放在他那本大《聖經》以及其他書籍旁邊看起來不是很漂亮嗎？他發現我們在這裡等他，一定會很驚訝。」

再一次，父親轉過身，背對著他女兒，逕自走到房間的一個角落。他站著，看著一大堆雜誌和書報，最上面放著拉路先生的背包，就是他用來裝書的那個書包。

秀蘭繼續說著：「我知道他不會走遠，因為他的舊帽子還掛在鉤上，他不管去哪裡總是戴著。」

經過很長一段時間後，爸爸轉過身來，走向他的女兒。

訴說生死課題

「我可以和你一起坐在拉路爺爺的搖椅上嗎？我給你講故事的時候，你可以看著窗外。」

他抱起她來，坐在膝蓋上。她緊緊地依偎著爸爸，她一邊聽著爸爸講故事，一邊望著窗外，安心地等待著拉路爺爺回來。

「還記得有一個晚上，我們在爬這座很陡的山，這樣可以從山上眺望到海港裡船舶的燈光。我們走了一段很長的路之後，你說你很累了，走不動了。所以我就將你抱在懷中。你把頭靠在我的肩膀上，很快就睡着了。你甚至不知道我們什麼時候到家。實際上，你一直到第二天早上我喊你的時候才醒來。」

爸爸靜靜地搖了一會兒。然後他慢慢地說：「拉路爺爺已經活了很長的時間，有80多年了。他的生命就像那座山，在爬了很久之後，他覺得累了。生病讓他感覺更累，因為很勞累，他只想在天父的懷抱中安睡。今天早上，拉路爺爺去世了。現在他正在睡一個長久且安詳的覺，他要一直睡到耶穌來喚醒他。」

秀蘭筆直地站了起來，淚水開始盈滿雙眼。她爸爸繼續講著：

「我們帶他到港口上方的山上，一個美麗的地方，在那裡，他要睡覺一直到耶穌來喚醒他。明天，我會帶你去那裡，你可以把蘭花放在他的墳墓上。耶穌看見你這樣做，當祂喚醒拉路先生的時候，我相信，祂會告訴他這是你送給他愛的禮物。」

為主做光和鹽

「可是，爸爸，外面很黑啊！拉路爺爺在黑夜中會害怕嗎？」這位中國紳士站了起來，抱著秀蘭來到窗邊。

「向上看，孩子！你看到了什麼？」

「星星，好多星星啊！」孩子回答道。

「當星星閃爍時，夜就不再黑了，秀蘭。當拉路爺爺來香港時，他是帶著天上的光來的，就像那顆明亮的星星一樣。現在，因為有他，你和我以及其他許多人已經從罪的黑夜中轉向光明，我們要像星星一樣，與他一同為主發光，直到永遠！」

拉路福音的擎光者

Dark Night,
Brilliant Star

亞伯蘭・拉路，生於1822年11月25日于美國新澤西州

基督復臨安息日會最早期的三位船員宣教士：亞伯蘭‧拉路（左）、威廉‧英士（中）、喬治‧杜爾（右）

攝於1902年3月的香港。亞伯蘭‧拉路手執水壺站在第二排（左二），此照片當中據說已有6人受洗。

拉路福音的光擎者

先導紀念堂建於1938年，仿歌德式建築風格，為復臨教會在香港建立的第一所堂會，於2010年被香港政府列為三級歷史建築物。

亞伯蘭・拉路死於1903年4月26日，享年81歲，長眠於香港跑馬地公共墓園中的基督教墓區。

1988年5月3日復臨教會重新製作中文紀念碑誌，以紀念亞伯蘭·拉路來港百週年。

之後又在1988年5月12日重新製作英文紀念碑誌，以紀念亞伯蘭·拉路來港百週年。

國家圖書館出版品預行編目資料

拉路福音的擎光者 / 愛琳.蘭特麗(Eileen E. Lantry)著；
梁傳善譯. -- 初版. -- 臺北市：時兆, 2020.03
面；公分
譯自：Dark night, brilliant star
ISBN 978-986-6314-91-9(平裝)

1.拉路(La Rue, Abram, 1822-1903) 2.基督教傳記
249.952   109001866

作　　　者	愛琳·蘭特麗（Eileen E. Lantry）
譯　　　者	梁傳善

董 事 長	金時英
發 行 人	周英弼
出 版 者	時兆出版社
客服專線	0800-777-798
電　　話	886-2-27726420
傳　　真	886-2-27401448
地　　址	台灣台北市105松山區八德路2段410巷5弄1號2樓
網　　址	http://www.stpa.org
電　　郵	service@stpa.org

責　　編	周英弼
校　　對	林思慧
封面設計	時兆設計中心
美術編輯	時兆設計中心

商業書店	總經銷 聯合發行股份有限公司 TEL.886-2-2917-8022
基督教書局	總經銷 TEL.0800-777-798
網路商店	http://store.pchome.com.tw/stpa

Ｉ Ｓ Ｂ Ｎ	978-986-6314-91-9
定　　價	新台幣200元
出版日期	2020年3月　初版1刷